하용조 강해서 전집 17

요한복음 5

예수님은 승리입니다

(17-21장)

하용조 강해서 전집 17

요한복음 5
예수님은 승리입니다(17-21장)

지은이 | 하용조
초판 발행 | 2005. 10. 19
개정 1판 발행 | 2010. 3. 5
개정 2판 발행 | 2021. 7. 21
등록번호 | 제1988-000080호
등록된 곳 | 서울특별시 용산구 서빙고로 65길 38
발행처 | 사단법인 두란노서원
영업부 | 2078-3352   FAX | 080-749-3705
출판부 | 2078-3331

책값은 뒤표지에 있습니다.
ISBN 978-89-531-3494-2 04230

독자의 의견을 기다립니다.
tpress@duranno.com   www.duranno.com
*본문에 사용된 성경은 우리말성경임을 밝힙니다.

두란노서원은 바울 사도가 3차 전도여행 때 에베소에서 성령 받은 제자들을 따로 세워 하나님의 말씀으로 양육하던 장소입니다. 사도행전 19장 8-20절의 정신에 따라 첫째 목회자를 돕는 사역과 평신도를 훈련시키는 사역, 둘째 세계선교(TIM)와 문서선교 (단행본·잡지) 사역, 셋째 예수문화 및 경배와 찬양 사역, 그리고 가정·상담 사역 등을 감당하고 있습니다. 1980년 12월 22일에 창립된 두란노서원은 주님 오실 때까지 이 사역들을 계속할 것입니다.

하용조 강해서 전집 17

요한복음 5
예수님은 승리입니다
(17-21장)

두란노

세상에서 가장 값비싼 승리,
승리의 면류관을 쓰십시오

성경에 등장하는 위대한 신앙의 선배들에게는 한 가지 공통점이 있습니다. 흔들리되 꺾이지 않는다는 것입니다. 꺾이지 않으면, 승리할 수 있습니다. 언젠가는 쓰임 받을 수 있습니다. 시편의 저자인 다윗을 보십시오. 수많은 위기의 순간에도 절대로 꺾이지 않고, 하나님을 찬양했습니다. 단창을 든 골리앗 앞에서도 찬양했고, 사울 앞에서도 수금을 타며 찬양했습니다. 그는 꺾이지 않았습니다.

예수님은 숱한 고난 끝에 최후 승리자가 되셨습니다. 그리고 사랑하는 제자들도 승리자로 세워 주셨습니다. 요한복음을 통해 그 과정을 살펴볼 것입니다.

그리스도요 하나님의 아들이신 예수님은 우리와 같은 인간이 되셔서 사는 내내 피곤함과 배고픔을 비롯한 수많은 괴로움을 당하셨습니다. 마지막에는 십자가에 매달려 죽기까지 극한 고통을 당하셔야만 했습니다. 한 인간이 감당하기에는 너무나 큰 고통이었습니다.

그러나 하나님의 아들이신 예수님은 우리 모두의 죄를 짊어지고 기꺼이 십자가에 달려 죽으시고, 사흘 만에 무덤에서 다시 살아나셨습니다. 죽음을 이기신 예수님은 하늘에 오르사 하나님 우편에 앉아 계십니다. 채찍질을 당하고, 십자가에 못 박힐 때까지는 패배한 것처럼 보였으나 예수님은 죽음에 꺾이지 않으시고, 다시 일어나 최후 승리자가 되셨습니다. 예수님의 승리로 온 인류가 구원을 받게 되었습니다. 이처럼 값비싼 승리가 어디 있겠습니까?

성도는 일곱 번 넘어져도 여덟 번 일어서는 오뚝이 정신을 가져야 합니다. 작심삼일이라도 하나님 앞에 다짐하고 또 다짐하며 비전을 성취해 가야만 합니다. 삼 일이 되기 전에 한 번 더 다짐하면 되지 않겠습니까? 십자가의 길을 걷는 자에게 주님이 승리의 면류관을 씌어 주실 것입니다.

차례

1부

예수님의 기도

요한복음 17:1-26

예수님은 병자들을 치유하셨고,
비유로 설교하셨으며 십자가를 지시고 3일 만에 부활하셨습니다.
그 모든 일이 위대하고 탁월하지만,
주님의 생애에서 가장 인상적인 사역은 바로 기도입니다.

1

자기 자신을 위해
기도하십시오

요한복음 17:1-5

기도의 모범을 보이신 예수님

예수님의 생애에서 가장 주목할 만한 사역은 바로 기도입니다. 예수님은 말씀으로 자연을 다스리시고, 병자들을 치유하시고, 우리 죄를 짊어지고 십자가에서 죽으신 후에 3일 만에 부활하시는 등 위대하고 탁월한 일들을 많이 행하셨습니다. 그 모든 일의 바탕에 기도가 있었다는 사실에 주목해야 합니다.

예수님은 공생애를 시작하기 전에 성령에 이끌리어 마귀에게 시험을 받으러 광야로 가서 40일 금식기도를 드리셨고, 끝내 마귀의 유혹을 말씀으로 이기셨습니다(마 4장). 이 일은 신약성경에서 가장 인상적인 장면 중의 하나로 꼽힙니다. 예수님은 새벽녘에 한적한 곳을 찾아 기도하셨고, 산 중턱에서 밤새 기도하시다가 이른 새벽에 제자들이 역풍을 만나 힘겹게 노 젓는 것을 보고 물 위를 걸어가기도 하셨습니다. 또 2만여 군중이 주님을 따라다니며 말씀을 들을 때는 기도로 축사하신 떡 다섯 개와 물고기 두 마리로 허기진 그들을 먹이셨고, 그 남은 부스러기를 열두 광주리에 거둬들이게 하셨습니다. 예수님은 제자들에게 주기도문을 가르쳐 주셨고(마 6:9-13), 그들이 귀신을 능히 쫓아내지 못하자 대신 쫓아내 주시고는 그들에게 "이런 귀신은 오직 기도로만 쫓아낼 수 있다"(막

9:29)고 말씀하셨습니다.

예수님의 기도 가운데 절정은 십자가에 못 박히시기 전에 겟세마네 동산에서 드리신 기도입니다. 히브리서 기자는 예수님이 "자신을 죽음에서 구원하실 수 있는 분께 통곡과 눈물로 기도와 간구를"(히 5:7) 올리셨다고 기록하고, 누가는 예수님이 고뇌 속에서 더욱 간절하게 기도하시니 "땀이 핏방울같이"(눅 22:44) 되었다고 기록했습니다.

뭐니 뭐니 해도 기도의 핵심은 중보기도일 것입니다. 흔히 중보기도라고 하면, 남을 위해 기도하는 것으로 생각합니다. 자기 자신을 위해 기도하는 것은 계면쩍게 생각하며 일종의 금기처럼 여기기도 합니다. 이웃을 위해 기도하는 것은 성도의 덕목이지만, 자신을 위해 기도하는 것은 미성숙한 사람이 기복신앙으로 드리는 기도로 간주하는 것입니다. 가족을 위해, 이웃을 위해, 선교사들을 위해, 나라와 세계를 위해 기도해야 영적으로 성숙했다고 봅니다.

그러나 이것은 매우 흔한 오해일 뿐입니다. 요한복음 17장에서 예수님의 중보기도를 볼 수 있는데, 예수님은 우선 자기 자신을 위해 기도하시고(요 17:1-8) 나서 사랑하는 제자들을 위해 집중적으로 기도하셨고(요 17:9-19), 장차 제자들의 전도로 하나님을 믿게 될 많은 사람, 곧 믿는 자들을 위해 기도하셨습니다(요 17:20-26). 즉 예수님의 중보기도는 자기 자신을 위한 기도와 제자들을 위한 기도와 하나님을 믿는 모든 사람을 위한 기도 등 세 가지 영역으로 나뉘는 것을 알 수 있습니다.

영적 권세를 얻으려면 자신을 위해 기도하라

놀랍게도 예수님은 다른 사람들을 위해 기도하기 전에 먼저 자기 자신을 위해 기도하셨습니다. 왜 예수님은 먼저 자신을 위해 기도 하셨을까요? 그 순간, 가장 위험한 순간에 처해 있는 사람이 바로 자기 자신이기 때문입니다. 사탄보다 더 경계해야 할 대상은 자기 자신입니다. 사탄의 시험에 빠지느냐 아니냐는 순전히 자기 몫입 니다.

예수님이 자신을 위해 어떻게 기도하셨는지 구체적으로 살펴봅 시다.

> 예수께서 이 말씀을 하시고 눈을 들어 하늘을 우러러보시며 기도하 셨습니다. "아버지여, 때가 됐습니다. 아들이 아버지께 영광을 돌릴 수 있도록 아들을 영광스럽게 하소서"(요 17:1).

예수님은 하나님 아버지께 자신을 영광스럽게 해 달라고 기도 하십니다. 그리고 자신으로 인해 하나님 아버지를 영화롭게 할 수 있도록 도와 달라고 하십니다.

가난한 이웃을 도와주고 싶은데, 돈도 없고 건강도 없다면 어떻게 돕겠습니까? 돈이 있어야 남을 도와줄 수 있습니다. 건강해야 도울 수 있습니다. 가진 것이 없으면 남을 도울 수도 없습니다. 마찬가지로 다른 사람들에게 은혜를 전하려면, 우리가 먼저 은혜로 충만해야 합니다. 예수님은 모든 면에서 항상 풍성하셨습니다. 남을 돕기에 늘 부족함이 없으셨습니다.

자기 자신을 위한 예수님의 중보기도에는 세 가지 의미가 담겨 있습니다. 첫째, 예수님은 개인의 욕망이 아닌 아버지의 영광을 구하셨습니다. 둘째, 세상에 오신 목적을 이룰 수 있도록 흔들리지 않게 도와 달라고 기도하셨습니다. 셋째, 십자가를 져야 할 때를 정확히 아셨습니다. 예수님은 "아버지여, 때가 됐습니다"라고 기도하셨습니다. 여기서 "때"는 십자가를 질 때를 가리킵니다.

사람의 일생에는 몇 번의 결정적인 순간이 있습니다. 준비할 때가 있고, 일할 때가 있으며 죽을 때가 있습니다. 그때를 아는 것이 중요합니다. 기적을 베풀며 제자들을 훈련시켜 오신 예수님은 이제 이 땅에 오신 목적을 이룰 때가 되었음을 아셨습니다. 십자가에 못 박혀 죽으셔야 합니다. 그 고통의 죽음을 피하지 않게 해 달라고 기도하셨습니다. 적절한 때에 "아버지, 아들이 가던 길을 계속 가게 해 주시고, 힘들고 고달프더라도 가던 길을 포기하지 않게 해 주시며, 상처받고 모함을 당하더라도 십자가의 도를 완성하게 해 주십시오. 어떤 유혹이 와도 물리치고, 어떤 시험이 닥쳐도 이기게 해 주십시오"라고 기도하신 것입니다. 예수님은 십자가를 지심으로써 하나님 아버지를 영광스럽게 하실 것입니다.

미국 시카고에 있는 윌로우크릭 교회에서 설교를 들은 적이 있습니다. 그때 설교 제목이 〈Keep going〉이었는데, "그 길을 계속 가라"는 뜻입니다. 하나님의 일을 하다 보면 여러 가지 이유로 '주일학교 교사 일을 그만둬야지, 찬양대를 그만둬야지, 자원봉사를 그만둬야지…' 할 때가 있습니다. 그럴 때, 바로 포기하지 말고 계속 나아가라는 메시지였습니다.

설교가 끝난 뒤에 목사님이 "교사를 그만두려고 마음먹었던 사람이나 교회를 떠나려고 작정했던 사람이나 마지막 봉사를 다짐했던 사람은 모두 자리에서 일어나라"고 했습니다. 그러고는 일어선 사람들에게 "얼마나 힘들었으면 하던 일을 그만두려고 했겠느냐?"고 물으면서 그들을 위로하며 "이때가 바로 하나님이 하던 일을 계속하라고 말씀하시는 때임을 알아야 한다"고 권면했습니다. 그러자 많은 사람이 눈물을 흘렸습니다.

'그냥 몸도 편하고 마음도 편안하게 아무런 일도 하지 않고, 예수님만 믿었으면…' 하는 생각을 누구나 한 번쯤은 해 봤을 것입니다. 예수님은 하나님 아버지께 자신이 가던 길을 계속 갈 수 있게 해 주시고, 하던 일을 계속하게 해 달라고 기도하셨습니다.

해가 바뀌면서 교회에서 하던 일을 그만두고 싶었던 적이 있습니까? 그 일을 계속하십시오. 중도에 그만두려고 보따리를 싼 적이 있습니까? 보따리를 풀고, 가던 길을 계속 가십시오.

예수님은 계속해서 "아버지여, 창세전에 내가 아버지와 함께 누렸던 그 영광으로 이제 아버지 앞에서 나를 영광스럽게 하소서"(요 17:5)라고 기도하십니다. 자칫 잘못하면, 이기적인 기도로 들릴 수 있습니다만 이것은 예수님의 사명을 확인하는 기도입니다. 창세전에 아버지와 함께 가졌던 그 영화를 잊지 않게 해 달라는 기도입니다. 창세 전에 아버지와 함께 가졌던 영화란 하늘의 권세를 가리킵니다. 바로 그 권세를 다시 갖게 해 달라는 뜻입니다. 그럼으로써 하나님 아버지를 영화롭게 해 달라는 것입니다.

> 아버지께서는 아들에게 주신 모든 사람에게 영생을 주게 하시려고 모든 사람을 다스리는 권세를 아들에게 주셨습니다(요 17:2).

창세 전에 아버지와 함께 가졌던 영화의 핵심은 "모든 사람을 다스리는 권세"입니다. 하나님이 하늘의 권세를 예수님에게 주신 목적은 많은 사람에게 생명을 주기 위함입니다.

2절 말씀을 두 단어로 요약한다면 영생과 권세입니다. 하나님은 온 인류를 영생의 길로 인도하기 위해 하늘의 권세를 예수님에게 주셨습니다. 예수님은 그 권세로 죽어 가는 수많은 영혼을 구원하십니다. 하늘과 땅의 권세는 천지 만물을 다스리는 영적 권세를 말합니다. 음부의 권세라도 이 권세는 이기지 못합니다.

하나님은 우리에게도 권세를 주십니다. 설교자에게는 설교하는 권세를 주십니다. 세상에 훌륭한 강의가 얼마나 많습니까? 하나님이 내게 설교의 권세를 주시지 않았다면, 누가 교회에 와서 내 설교를 듣겠습니까? 하나님이 우리에게 권세를 주시는 것은 세상 사람들을 구원하기 위함입니다. 이것이 곧 아들을 영광스럽게 하는 일이기도 합니다.

마땅히 해야 할 말을 담대히 말할 수 있도록

구원이란 영생을 얻게 하는 일입니다. 영생은 무엇입니까?

> 영생은 오직 한 분이신 참 하나님 아버지와 아버지께서 보내신 예수 그리스도를 아는 것입니다(요 17:3).

영생은 말 그대로 '오래 사는 것'입니다. 하지만 단순히 오래 살거나 멸망하지 않고 영원히 사는 것을 가리키는 것이 아니라 유일하신 참 하나님과 그분이 보내신 예수 그리스도를 아는 것을 의미한다고 말씀하십니다. 영생의 진짜 의미는 예수 그리스도를 아는 것이 영생이지, 오래 사는 것이 아니라는 말씀입니다.

나는 아버지께서 맡겨 주신 일을 다 완성해 이 땅에서 아버지께 영광을 돌려 드렸습니다. 아버지여, 창세 전에 내가 아버지와 함께 누렸던 그 영광으로 이제 아버지 앞에서 나를 영광스럽게 하소서(요 17:4-5).

예수님의 이 기도는 십자가를 지시기 바로 전에 드리신 중보기도입니다. 에베소서 6장에 기록된 사도 바울의 기도를 떠올리게 합니다.

또 나를 위해 기도하기를 내게 말씀을 주셔서 입을 열어 복음의 비밀을 담대하게 알릴 수 있게 해 달라고 기도해 주십시오. 내가 이것을 위해 사슬에 매인 사신이 됐습니다. 그러므로 내가 복음 안에서 마땅히 해야 할 말을 담대하게 말할 수 있도록 기도해 주십시오(엡 6:19-20).

과거에 민주화 운동을 했던 사람들이 소위 기득권층에게 하는 말이 있습니다. "우리가 감옥에 갇혀 있는 동안에 당신들은 무엇을 했느냐? 우리가 고생할 때, 당신들은 무엇을 하고 있었느냐?"는 것입니다. 그와 관련하여 홍정길 목사님에게 "목사님은 감옥에도 안 가신 분인데 무슨 할 말이 있습니까?" 하고 물은 적이 있습니다. 목사님의 대답에 모두 고개를 끄덕이며 공감했습니다.
"당신들이 감옥에서 투쟁할 동안에 나는 생명을 걸고 복음을 전했다. 천국에 가면, 하나님이 '홍정길이가 목숨을 걸고 복음을 전하는 동안에 너희는 무엇을 했느냐?'고 물으실 것이다."

바울은 평생 결혼하지 않았고, 자기 육체에 가시와 질병을 지녔으며, 매를 맞기도 하고 감옥에 갇히기도 했습니다. 그가 학문을 포기하고 인생 전체를 투자했던 대상은 민족도, 조국도 아닌 하나님 나라였습니다. 바울이 자신을 위해 기도해 달라고 한 것은 병이 낫게 해 달라거나 감옥에서 나가게 해 달라는 것이 아니었습니다.

그는 오직 하나님이 말씀을 주셔서 자기 입으로 복음의 비밀을 담대히 전할 수 있게 해 달라는 것이었습니다. 무지막지한 로마 제국의 권력 앞에서도 목숨을 걸고 예수 그리스도의 복음을 전할 수 있게 해 달라는 것입니다. 그는 돌에 맞고, 성 밖으로 내던져지는 일이 있더라도 복음을 전할 수 있는 용기를 구한 것입니다. 어떤 상황에서도 복음을 부인하지 않고, 똑바로 전할 수 있기를 구했다는 점에서 바울의 기도는 예수님의 기도와 유사합니다.

사회적으로 성공하여 높은 위치에 올라가 큰 영향력을 행사하는 것은 그리 중요하지 않습니다. 정말로 중요한 것은 자신이 세상에 온 목적을 이루기 위해 흔들리거나 포기하지 않고 가던 길을 계속 가는 것입니다.

흔들림 없이 믿음의 길을 계속 걸으시길 바랍니다. 유혹받지 않기를 바랍니다. 하나님이 주신 사명대로, 복음 전파를 위해 부름받은 그대로 전도자의 길을 계속 걸어가기를 바랍니다. 세상과 타협

하지 마십시오. 온 힘을 다해 사명을 완수하십시오. 그러기 위해서 자신을 위해 중보기도 하십시오. 그 안에 주님의 영광이 임하시길 축원합니다.

2

기도는
사랑의 시금석입니다

요한복음 17:6-11

철들지 않은 우리를 위해 기도하시는 예수님

예수님은 중보기도의 모범을 보여 주셨습니다. 가장 먼저 제자들이나 유대 민족이 아닌 자기 자신을 위해 기도하셨습니다. 이것이 바로 예수님이 드리신 중보기도의 가장 큰 특징입니다.

예수님은 힘들고 고통스러운 십자가를 짊어짐으로써 영광스럽게 되기를 구했습니다. 그렇게 함으로써 하나님 아버지를 영광스럽게 할 수 있기를 바라신 것입니다. 이것이 바로 예수님의 중보기도입니다.

자신에게 주어진 십자가를 피해 멀리 도망가려고 하는 사람들을 종종 봅니다. 처음 은혜를 받고, 믿음이 생겨 주님의 일을 시작하지만, 하나님의 일이 그리 만만치 않다는 것을 곧 깨닫기 때문입니다. 주님의 길은 좁은 길이며, 사람들은 주님의 사역을 이해하지 못하고 욕하기 일쑤입니다.

그런데도 안락한 생활을 뒤로하고, 선교사가 되어 미지의 땅으로 떠나는 사람들이 있습니다. 자식이 외지에 나가 고생하는 것을 좋아할 부모는 없습니다. 그래서인지 주님의 일을 시작할 때, 가장 심하게 반대하고 나서는 사람은 대개 부모입니다.

우리 교회에서 십수 년 전에 의사였던 분이 선교사로 헌신하여

모처로 떠난 적이 있습니다. 그때 주변 사람들은 왜 하필이면 당신이 가느냐, 장로로서 교회를 잘 섬기면 됐지 꼭 가야 하느냐고 물으며 반드시 그런 식으로 예수를 믿어야만 하는 것은 아니라며 만류했습니다. 심지어 어떤 사람은 "하나님도 내 입장이 되어 보면 아실 겁니다"라고 말하기까지 했습니다. 사람들은 어떻게 해서든 십자가를 피해 가려 하고, 십자가를 내려놓으려 애씁니다.

그러나 우리는 십자가를 앞에 두고 기도하시던 예수님의 마음을 헤아려야 합니다. 십자가를 지겠노라고 기도하신 후에도, 할 수만 있다면 그 고난을 피하게 해 달라고 간구하시는 주님의 마음을 헤아려야 합니다. 그 기도가 얼마나 힘들었던지 땀이 피가 될 정도였습니다. 그러나 예수님은 끝내 "그러나 내 뜻대로 하지 마시고 아버지의 뜻대로 하십시오"(막 14:36)라고 말씀하셨습니다. 결국, 힘들고 고통스러운 그 길을 계속 가게 해 달라고 기도하신 것입니다.

우리가 하나님의 뜻대로 살려고 할 때, 많은 시험과 유혹이 찾아온다는 사실을 우리는 잘 알고 있습니다. 좀 더 쉽고 편한 방식으로 하나님을 믿어도 된다는 유혹이 얼마나 많습니까? 그러나 예수님은 모든 시험과 유혹을 물리치시고, 하나님의 뜻에 순종하여 십자가에서 피 흘려 죽으셨습니다. 우리는 주님의 기도와 순종에서 많은 것을 배울 수 있습니다.

예수님은 고난의 십자가를 피하지 않고, 숱한 유혹과 시험에서 벗어나 가야 할 길을 계속 가기 위해서 자기 자신을 위해 중보기도를 하셨습니다. 그러고 나서 사랑하는 제자들을 위해 중보기도를 시작하십니다.

예수님에게 제자들은 소중한 존재였지만, 그들은 아직 영적으로 미숙했고 실수투성이에 허점투성이들이었습니다. 예수님과 수준이 달라도 너무 달랐습니다. 예수님이 십자가에 못 박히시고 부활하여 승천하실 때까지도 그들의 수준은 크게 달라지지 않았습니다.

세상살이를 힘들게 하는 일들 중 하나가 바로 철이 안 든 사람들과 함께 사는 것입니다. 철들지 않은 남편이나 아내와 사는 것만큼 힘든 일도 없습니다. 철이 안 든 자녀들과 사는 것도 마찬가지입니다. 가족이기 때문에, 사랑하기 때문에 버릴 수 없고, 그만둘 수도 없으니 난처할 뿐입니다.

하나님 아버지로부터 온 것을 알라

예수님은 영적으로 미숙하고 철이 안 든 제자들을 늘 가까이에 두셨습니다. 그들을 포기하지 않고 끝까지 사랑하셨습니다. 그들이 알아듣고 깨닫기를 바라며 끊임없이 가르치고 훈련하셨습니다.

예수님의 중보기도를 보면, 당시 제자들의 상태가 어떠했는지를 알 수 있습니다.

나는 아버지께서 세상에서 택하셔서 내게 주신 사람들에게 아버지의 이름을 나타냈습니다. 그들은 아버지의 것이었는데 아버지께서 내게 주셨고 그들은 아버지의 말씀을 지켰습니다(요 17:6).

예수님은 신통치 않은 제자들을 어떻게 여기셨을까요?

첫째, 예수님은 제자들을 가리켜 "아버지께서 세상에서 택하셔서 내게 주신 사람들"이라고 말씀하십니다. 별 볼 일 없는 그들이 자기 사람임을 분명히 아셨습니다. 부모는 마음에 들지 않는 자녀로 인해 눈물을 흘리거나 고통을 겪기도 하지만, 자기 속으로 낳은 자식들이라 절대로 포기하지 않고 끝까지 사랑합니다. 예수님에게 제자들이 바로 그런 존재였습니다.

둘째, 예수님은 그들이 원래 하나님 아버지의 것이었고, 아버지께서 그들을 아들에게로 보내셨다는 사실을 아셨습니다. 즉 제자들을 선택하신 것은 하나님이었고, 하나님이 그들을 예수님에게로 보내 주셨다는 뜻입니다.

부부도 마찬가지입니다. 하나님이 남편과 아내를 택하시어 각각 보내어 서로 만나게 하신 것입니다. 자녀도 원래 하나님의 것인데, 부모에게 맡겨 주신 것입니다. 이러한 자기 정체성을 스스로 깨달을 수만 있다면, 우리는 어떤 어려움도 너끈히 이겨 낼 수 있습니다.

예수님은 제자들을 하나님의 말씀으로 깨우치시고, 그분의 뜻대로 행하도록 계속 훈련하셨습니다. 이것이 바로 우리가 말하는 '제자훈련'입니다. 제자훈련이란 하나님의 말씀으로 사람을 가르치고 양육하는 일입니다.

이제 그들은 아버지께서 내게 주신 모든 것이 다 아버지께로부터 온 것임을 알고 있습니다(요 17:7).

예수님은 지상에 계시는 동안에 단 한 번도 자신에게 초점을 맞추신 적이 없습니다. 처음부터 끝까지 오로지 하나님 아버지께만 초점을 맞추셨고, 주님께 모든 영광을 돌리셨습니다. 사복음서를 비롯하여 신약성경 전체를 들여다보며 예수님에 관해 깊이 연구해 보면, 이 사실을 분명히 알 수 있습니다. 예수님의 말씀과 능력, 기도와 기적이 모두 하나님 아버지께로 집중되고 있음을 발견할 수 있습니다.

우리는 예수님을 믿는다고 말하면서도 모든 것을 자신에게로 집중시킵니다. 내 생각, 내 주장, 내 비전 등은 곧 자신을 위한 것입니다. 그러므로 우리는 하나님의 일을 하면서도 갈등을 겪게 됩니다.

예수님을 믿고 거듭난다는 것은 옛사람인 자아가 죽고, 새로 태어나는 것입니다. 그런데 죽긴 죽었는데 완전히 죽지 않아서 문제입니다. 본인은 죽었다고 생각하지만 잠시 기절한 상태입니다. 그러다가 옛사람이 다시 살아나곤 합니다. 그렇게 자꾸 되살아남으로써 문제가 발생합니다.

그러나 사도 바울은 이렇게 고백합니다.

나는 그리스도와 함께 십자가에 못 박혔습니다. 그러므로 이제 더이상 내가 사는 것이 아니라 내 안에 그리스도께서 사시는 것입니다. 지금 내가 육체 안에 사는 것은 나를 사랑하셔서 나를 위해 자신의 몸을 내 주신 하나님의 아들을 믿는 믿음으로 사는 것입니다(갈 2:20).

그는 예수님을 만나고 나서 자기 안에 있던 옛사람이 죽은 것과 그 대신 예수 그리스도께서 그의 안에서 살아나신 것을 알았습니다. 자신이 살아 숨 쉬는 것은 자기 힘이 아닌 하나님의 아들을 믿는 믿음으로 말미암은 것임을 깨달은 것입니다. 그런데 내가 사는 것이 아니라면, 즉 나란 존재가 없다면, 도대체 나는 무엇일까요? '나'는 거듭남으로써 변화된 자아를 가리킵니다.

예수님을 잘 믿고 싶습니까? 그러면 자존심(自尊心, 자아를 존중하는 마음)을 버려야 합니다. 예수님에게서는 자존심이나 자의식 같은 것을 찾아볼 수 없습니다. 예수님의 사상이나 주장이 모두 하나님 아버지와 완벽하게 하나입니다. 오직 하나님의 뜻만을 생각하십니다. 예수님을 잘 믿는 방법은 아주 간단합니다. 자의식의 세계에서 벗어나면 됩니다.

어떤 사람들은 자의식도 없이 어떻게 문학이나 예술을 할 수 있느냐고 말합니다. 그러나 자존심으로 쌓아 올린 것은 작품이 아니라 온통 썩은 것뿐입니다. 옛사람의 자아로 이룬 것을 붙잡고 몸부림을 쳐서는 안 됩니다. 미련을 버리십시오.

우리는 괜한 자존심을 지키느라 너무 많은 에너지를 낭비하며 살고 있습니다. 대개 부부 싸움도 결국은 자존심 싸움입니다. 서로 무시당했다고 생각하여 자기 자존심을 찾기 위해 싸우는 것입니다. 예수님을 믿는다는 것은 자기 자존심을 십자가에 못 박는 것입니다.

정말로 사랑하면 기도할 수밖에 없다

자기 생각, 자기 주장, 자기 철학 등을 다른 말로 표현하면 혈기와 오만과 분냄입니다. 어떤 사람은 가만히 있다가도 별일도 아닌데 벌컥 화를 내곤 합니다. 그 안에 상처가 있다는 증거입니다. 또한 혈기 부리는 것이 거듭남에 대한 증거가 되기도 합니다.

나는 아버지께서 내게 주신 말씀을 그들에게 주었습니다. 그들은 그 말씀을 받아들였으며 내가 아버지께로부터 온 것을 진정으로 알았고 또 아버지께서 나를 보내신 것을 믿었습니다(요 17:8).

예수님은 제자들을 위해 무엇을 해 달라고 기도하지 않으십니다. 다만 아버지와 아들의 관계 그리고 제자들과의 관계를 위해 기도하십니다. 즉 예수님의 기도에서 일은 찾아볼 수 없고, 관계만 있습니다.

예수님은 "아버지께서 내게 주신 말씀"을 제자들에게 그대로 전했노라고 말씀하십니다. 제자훈련이란 사람들에게 '나'라는 개인의 뜻과 생각과 경험을 가르치는 것이 아닙니다. 하나님 아버지의 말씀과 뜻과 사랑을 말하며 가르치는 것입니다. 즉 하나님이 주신 말씀과 하나님 아버지께서 보내신 예수님을 알게 하는 일입니다.

성도들은 목사를 볼 때, '하용조'라는 사람을 보지 않기를 바랍니다. 인간 하용조는 껍데기에 불과하고 아무것도 아닙니다. 중요한 것은 하나님의 말씀이고, 예수님입니다. 목사가 설교할 것은 자기 철학이나 비전이 아니라 예수님의 생명과 진리와 비전입니다. 사람이나 조직은 중요하지 않습니다. 그 안에서 살아 움직이는 주님의 말씀과 사랑과 능력이 중요합니다. 주님으로부터 온 것들이 감춰지지 않고, 막히지 않고 흘러갈 수 있도록 만드는 일이 중요합니다.

우리가 예수님과 제자들의 관계에서 배워야 할 점은 관계 안에서 하나님의 사랑과 뜻과 진리가 흐르게 하고, 사람들에게 그것을 보도록 해야 한다는 것입니다.

이제 내가 그들을 위해서 기도합니다. 내가 세상을 위해 기도하는 것이 아니고 아버지께서 내게 주신 사람들을 위해 기도하는 것은 그들이 모두 아버지의 사람들이기 때문입니다(요 17:9).

예수님은 제자들이 모두 아버지의 것임을 재차 확인하십니다. 이 말씀을 우리에게 적용한다면, '내 인생은 모두 하나님의 것'이라는 뜻입니다. 부모도 자식도 하나님의 것이고 남편도 아내도 모두 하나님의 것입니다. 우리가 가진 돈과 명예와 직업도 모두 하나님 아버지의 것입니다. 이 사실을 제대로 깨닫는다면, 모든 일에 하나님의 복이 임할 것입니다.

내 것은 모두 아버지의 것이며 아버지의 것은 모두 내 것입니다. 그리고 나는 그들을 통해 영광을 받았습니다(요 17:10).

우리는 정말로 사랑하고 있을까요? 열정적으로 사랑한다고 말하는 사람들을 자세히 들여다보면 집착에 불과함을 알 수 있습니다. 사랑으로 착각할 뿐입니다. 대부분 상대를 사랑하는 것이 아니라 자기 자신을 사랑합니다. 그래서 상대방이 다른 사람을 사랑하면 화를 냅니다. 왜냐하면 기분이 나쁘기 때문입니다. 왜 나를 사랑하지 않고, 다른 사람을 사랑하느냐는 것입니다. 모두 자기 집착이고 자기애입니다.

그러므로 사랑의 시금석(試金石)은 "상대방을 위해 기도할 수 있는가"입니다. 진짜로 사랑한다면, 그를 위해 기도해야 합니다. 그가 눈에 보이지 않아도 항상 기도해야 합니다. 예수님은 제자들을 위해 기도하셨습니다. 비록 미숙하고 실수가 잦아 마뜩잖은 제자들이었지만, 그들을 사랑하시기에 그들을 위해 기도하셨습니다. 우리가 자녀를 위해 늘 기도하는 것도 내 자녀를 사랑하기 때문이 아닙니까? 누군가를 사랑하면 "하나님, 그 사람을 보호해 주십시오. 그 사람이 잘못되지 않도록 지켜 주십시오" 하고 끊임없이 중보기도를 하게 됩니다.

> 나는 더 이상 이 세상에 있지 않겠지만 그들은 아직 세상에 있고 나는 아버지께로 갑니다. 거룩하신 아버지여, 아버지께서 내게 주신 아버지의 이름으로 그들을 지켜 주셔서 우리가 하나인 것같이 그들도 하나가 되게 하소서(요 17:11).

예수님은 철들지 않은 실수투성이 제자들을 너무나 사랑하셨습니다. 원래 그들은 하나님 아버지의 것이었습니다. 아버지께서 아들에게 그들을 맡기셨습니다. 예수님이 그들을 위해 하나님 아버지께 기도하십니다.

문제는 예수님이 곧 십자가에 못 박혀 죽으실 텐데, 그러면 그들 곁을 떠나셔야 한다는 사실입니다. 제자들끼리 남게 된다는 것입니다. 그래서 예수님은 사랑하는 제자들을 위해 "아버지, 비록 내가 세상을 떠나더라도 이 땅에서 제자들이 하나님께 영광이 되게 하옵소서. 아버지와 내가 하나인 것처럼, 그들도 하나 되게 해 주십시오. 그들을 보호하시고 지키시며 복을 주십시오"라고 기도하십니다. 사랑하는 제자들을 하나님 아버지께 위탁하시는 것입니다.

예수님이 제자들에게 얼마나 많은 일을 시키셨느냐가 중요한게 아닙니다. 얼마나 많은 사랑을 베푸셨느냐가 중요합니다. 우리가 돈이 있으면 얼마나 있고, 없으면 얼마나 없겠습니까! 우리가 일을 잘하면 얼마나 잘하고, 못하면 얼마나 못하겠습니까! 그런 것은 중요하지 않습니다. 다만 우리가 가져야 할 것은 진정한 사랑의 마음입니다.

이것이 바로 제자훈련의 핵심입니다. 제자훈련은 어떤 훈련 프로그램을 말하는 게 아니라 진정한 마음으로 사람을 사랑하는 것입니다.

오늘날 우리 안에서 하나님의 삼위일체 관계가 회복되고, 예수님의 사랑이 싹트기를 기도합니다. 예수님이 하나님의 영광을 위해 중보기도 하신 것처럼, 우리도 믿음의 사람들을 위해 기도해야 합니다. 정말로 사랑하면 기도할 수밖에 없습니다. 그래서 기도가 사랑의 시금석이라고 말하는 것입니다.

3

사랑하는 이들을 위해
기도하십시오

요한복음 17:12-19

하나 된 이들을 지켜 달라고 기도하라

'제자'라고 하면, 흔히 훈련의 대상이나 전문 지식을 전수하는 대상을 떠올립니다. 그러나 예수님에게 제자란 사랑의 대상이었습니다. 예수님은 여러모로 부족하고 미숙한 제자들을 품으시고, 그들이 성숙에 이를 때까지 흔들림 없이 붙잡아 훈련하셨습니다.

예수님은 제자들을 위해 좀 더 구체적이고 실제적인 기도를 드리십니다.

> 나는 더 이상 이 세상에 있지 않겠지만 그들은 아직 세상에 있고 나는 아버지께로 갑니다. 거룩하신 아버지여, 아버지께서 내게 주신 아버지의 이름으로 그들을 지켜 주셔서 우리가 하나인 것같이 그들도 하나가 되게 하소서(요 17:11).

첫째, 예수님은 제자들이 하나 되게 해 달라고 기도하십니다. 인간은 죄인이며 죄인의 본질은 분열임을 알고 계셨습니다.

실제로 사람은 두셋만 모여도 편을 갈라 서로 싸우고, 비판하곤 합니다. 사랑하고 협동하는 대신에 갈등하고 반목하여 결국은 헤어지는 일이 다반사입니다. 처음에는 서로 사랑하고, 함께 나누며 화합하는 것 같던 사람들도 시간이 흐르면 부패한 내면을 드러내고 맙니다.

사람들이 서로 미워하는 이유는 그 속에 죄가 있기 때문입니다. 도덕과 교양과 체면으로 겉을 치장하고 있을 뿐입니다. 세월이 지나면 그 죄성의 뿌리가 드러나고 맙니다. 인간에게는 소유와 권력에의 욕망과 의심의 본능이 있습니다. 그래서 잘 믿다가도 의심하여 그로 인해 갈등합니다. 사회생활에서 가장 어려운 일은 동업(同業)일 것입니다. 사역에서도 동역자와의 관계가 가장 큰 어려움 중의 하나입니다.

사탄은 분열의 영이므로 사람들 간에 싸움을 만들 뿐 아니라 교회마저도 다투게 합니다. 서로 사랑해서 '파송'으로 헤어진다면 얼마나 좋겠습니까만은 그렇지 못한 현실이 안타까울 뿐입니다.

반면에 성령님은 연합과 일치의 영이십니다. 성령님이 임하시면, 회복과 치유의 역사가 일어나고 변화가 일어납니다. 틀린 것을 옳게 하시고, 그른 것을 바르게 하시며 나뉜 것을 하나 되게 하십니다.

화해자로 세상에 오신 예수님은 친히 화목 제물이 되셨습니다. 그리고 우리에게 세상을 화목하게 하라고 말씀하셨습니다. 화목하게 하는 일은 천사들도 감당하기 어려운 일입니다. 우리는 언제 어느 곳에 있든지 화해자로 존재해야 합니다. 트러블 메이커(trouble maker)가 아닌 피스 메이커(peace maker)가 되십시오.

화해자의 특징은 한마디로 십자가를 지는 것입니다. 예수님은 하나님과 인간을 화해시키기 위해 십자가를 지셨습니다. 화해자는 십자가라는 대가를 치러야 합니다.

둘째, 예수님은 제자들을 지켜 주시길 기도하십니다.

> 내가 그들과 함께 지내는 동안 아버지께서 내게 주신 아버지의 이름으로 내가 그들을 지키고 보호했습니다. 멸망의 자식 외에는 그들 가운데 한 사람도 잃어버리지 않았습니다. 이것은 성경을 이루기 위함이었습니다(요 17:12).

예수님은 앞서 "거룩하신 아버지여, 아버지께서 내게 주신 아버지의 이름으로 그들을 지켜 주셔서"라고 기도하셨습니다. 그러고 나서 "내가 그들과 함께 지내는 동안 아버지께서 내게 주신 아버지의 이름으로 내가 그들을 지키고 보호했습니다"라고 기도하십니다. 성도의 안전은 하나님의 보호하심에 있습니다. 하나님이 지켜 주시지 않는다면, 우리는 절대로 안전할 수 없습니다.

인간의 발명품 중의 하나가 바로 성(城)입니다. 인간은 자신을 지키기 위해 스스로 성을 쌓습니다. 일종의 바벨탑을 쌓는 것입니다. 크고 단단한 성을 높이 쌓다 보면, 어느새 타인과 단절됩니다. 인간이 느끼는 외로움은 누가 만들어 준 게 아니라 스스로 만든 것입니다. 이 사람, 저 사람과의 교제를 모두 끊고, 골방에 들어가 혼자 이불을 뒤집어쓰고 있는데 외롭지 않을 사람이 없습니다. 외롭다면 이불을 걷어치우고 골방에서 나와 사람들을 만나야 합니다. 그래야 외로움을 떨칠 수 있습니다.

하나님이 지켜 주시지 않으면, 우리는 온전히 존재할 수 없습니다. 자기 노력만으로는 세상을 살아갈 수 없습니다. 아무리 성실하게 살아도 모든 문제가 해결되지는 않습니다. 하나님의 보호하심이 필요합니다.

시편 기자는 하나님의 보호하심에 관해 이렇게 노래했습니다.

여호와는 내 목자시니 내게 부족한 것이 없습니다. 그분이 나를 푸른 목장에 눕히시고 잔잔한 물가로 인도하십니다. 내 영혼을 회복시키시고 당신의 이름을 위해 의로운 길로 인도하십니다. 내가 죽음의 그림자가 드리운 골짜기를 지날 때라도 악한 것을 두려워하지 않는 이유는 주께서 나와 함께 계시기 때문입니다. 주의 지팡이와 막대기가 나를 지키시고 보호하십니다(시 23:1-4).

하나님은 항상 우리를 지켜 주시고, 우리 자녀들을 지켜 주십니다. 그러나 품 안의 자식일 뿐, 자녀들이 성장하고 나면 부모는 그들의 안전을 보장할 수 없습니다. 하나님께 자녀들을 맡기고, 보호해 주시도록 중보해야 합니다. 마찬가지로 남편이나 아내도 지켜 주시도록 서로 기도해야 합니다.

기쁨으로 충만하여 악에 빠지지 않고 거룩하게 하소서

셋째, 예수님은 제자들을 기쁨으로 충만케 해 달라고 기도하십니다.

> 그러나 이제 나는 아버지께로 갑니다. 내가 세상에서 이것을 말하는 것은 내 기쁨이 그들 속에 충만하게 하려는 것입니다(요 17:13).

기쁨은 기독교 교리 중에서도 독특한 것입니다. 기독교의 정서는 한마디로 슬픔이 아니라 기쁨이며, 좌절이 아니라 희망입니다. 사도 바울은 "주 안에서 항상 기뻐하십시오. 내가 다시 말합니다. 기뻐하십시오. 여러분의 관용을 모든 사람에게 나타내십시오. 주께서 가까이 계십니다"(빌 4:4-5)라고 말하기도 했습니다. 감옥에 갇힌 사람이 감옥 밖에 있는 사람들에게 기뻐하라고 권면할 수 있는 것이 기독교입니다.

바울은 또 이렇게 말합니다.

> 항상 기뻐하십시오. 쉬지 말고 기도하십시오. 모든 일에 감사하십시오. 이는 그리스도 예수 안에서 여러분을 향하신 하나님의 뜻입니다(살전 5:16-18).

성경에서 말하는 기쁨은 세상의 기쁨과 다릅니다. 세상에서 말하는 기쁨은 쾌락, 명예, 물질 등에서 오는 기쁨입니다. 집을 한 채

사서, 좋은 자동차를 사서, 예쁜 옷을 사서 기쁜 것입니다. 그러나 하루도 채 가지 못할 기쁨입니다.

성경의 기쁨은 천국, 거듭남, 부활 등에서 비롯되는 기쁨입니다. 외면적인 기쁨이 아니라 내면적인 기쁨입니다. 그래서 아무도 빼앗을 수 없는 기쁨입니다. 세상의 무엇으로도 대체할 수 없는 기쁨입니다. 어떤 불행이나 슬픔도 능히 이겨 낼 수 있는 기쁨인 것입니다.

넷째, 예수님은 제자들이 악에 빠지지 않도록 보호해 달라고 기도하십니다.

> 나는 그들에게 아버지의 말씀을 주었는데 세상은 그들을 미워했습니다. 내가 세상에 속해 있지 않은 것처럼 그들도 세상에 속해 있지 않기 때문입니다. 내가 아버지께 기도하는 것은 아버지께서 그들을 세상에서 데려가 달라는 것이 아니라 악한 자로부터 그들을 보호해 달라는 것입니다(요 17:14-15).

예수님이 가르쳐 주신 주기도문의 마지막 구절은 "우리를 시험에 들지 않게 하시고 악에서 구하소서"(마 6:13)입니다. 주님이 다시 오셔서 최후 심판을 하실 때까지 사탄이 제한적으로 활동하므로, 그때까지 악은 항상 존재합니다. 그래서 예수님은 "내가 십자가에서 사탄을 완전히 패배시켰으나 다시 와서 마지막 심판을 행할 때까지 믿는 자들을 악에서 보호해 주십시오"라고 기도하십니다.

시험에 들지 않게 해 달라는 기도는 내면을 위한 기도이고, 악에서 보호해 달라는 기도는 외면을 위한 기도입니다. 악한 세력이 공격하므로 우리가 시험을 받습니다. 우리는 내면이나 외면이 모두 취약한 존재입니다.

믿는 자들에게 가장 쉽게 찾아오는 시험이 바로 섭섭함입니다. 교회에서 봉사하고 사역할 때, 괜히 섭섭한 감정을 느낀 적이 많을 것입니다. 자신도 모르게 사람, 물질, 상황으로 인해 시험에 빠질 때가 많습니다. 자신이 스스로 시험거리를 만들기도 하고, 다른 사람이 주기도 합니다. 시험에 들면, 곧바로 마귀의 공격이 시작됩니다. 그러므로 항상 조심해야 합니다. 지금도 사탄은 믿는 자들을 집어삼키려고 울부짖는 사자처럼 돌아다니고 있으니 말입니다.

은혜를 받고 기뻐하며 돌아서는 순간에 마귀가 기다리고 있음을 알아야 합니다. 예배 시간에 충만하게 받았던 은혜를 주차장에서 쏟기도 합니다. 시험은 가까운 사람들을 통해 오는 일이 많습니다. 예수님이 십자가를 지시지 못하도록 줄기차게 따라다니며 방해했던 마귀가 나무 뒤에 숨어서 우리를 공격합니다. 보이지 않게 숨어서 우리 심장을 향해 화살을 쏘는 것입니다.

세상은 사탄의 음모가 동시다발적으로 터지는 지뢰밭과도 같습니다. 따라서 세상을 사는 동안에는 주님의 인도하심과 보호하심이 절대적으로 필요합니다.

다섯째, 예수님은 제자들을 진리의 말씀으로 거룩하게 해 달라고 기도하십니다.

> 내가 세상에 속하지 않은 것처럼 그들도 세상에 속하지 않았습니다. 진리로 그들을 거룩하게 해 주소서. 아버지의 말씀은 진리입니다. 아버지께서 나를 세상에 보내신 것같이 나도 그들을 세상에 보냅니다. 그들을 위해 내가 나를 거룩하게 하는 것은 그들도 진리로 거룩하게 하려는 것입니다(요 17:16-19).

제자들을 위한 중보기도의 최고봉은 거룩에 관한 것입니다. 동서고금을 막론하고, 영원히 변치 않는 진리는 오직 하나님 말씀뿐입니다. 성경 말씀이 모든 것의 기준이며 근본입니다. 세상에는 진리와 함께 진리가 아닌 것도 있습니다. 따라서 모든 사물이나 현상에 관한 옳고 그름의 기준이 있어야 합니다. 하나님의 말씀만이 절대 진리이며 기준입니다.

그런데 현대인들은 그 기준을 갖지 않겠다고 선언합니다. 바로 포스트모더니즘입니다. 그들은 세상에 절대 기준이란 없다고 주장합니다. 당신은 당신이 좋은 것을 하고, 나는 내가 좋은 것을 하면 그만이지, 당신이 좋아하는 것을 왜 내게 강요하느냐고 따집니다. 세상에 기준과 표준이 있다는 사실 자체가 싫다고 말합니다.

그러나 기준은 있습니다. 만물의 절대 기준이 되는 하나님의 진리가 담긴 말씀은 영원토록 존재합니다.

예수님은 하나님께 진리의 말씀으로 제자들을 거룩하게 해 달라고 간구하십니다. 거룩해진다는 것은 하나님의 말씀으로 본질적으로 거룩해진다는 뜻입니다. 인간의 이념이나 사상이나 교육으로는 결코 거룩해질 수 없습니다.

하나님의 이름과 속성은 곧 '거룩함'입니다. 거룩함보다 더 높은 목표는 없습니다. 하나님의 거룩 안에 하나님의 사랑과 공의가 담겨 있습니다. 거룩함은 정결함을 빚어냅니다. 즉 인간의 정결함은 하나님의 거룩함에서 비롯된다는 뜻입니다.

정결함을 잃은 현대인은 공허함에 빠져 양심에 갈등을 느끼며 살아갑니다. 이것이 바로 현대인의 특징입니다.

영적 순결을 위해 기도하라

정결함, 곧 순결에는 세 가지가 있습니다. 첫째, 육체적 순결이 있습니다. 곧 성적 순결입니다. 둘째, 정신적 순결이 있습니다. 곧 도덕적 순결입니다. 거짓을 행하지 않는다는 뜻입니다.

북한에서 김일성종합대학 총장, 조선로동당 비서, 최고인민회의 상임위원회 위원장 등을 역임했으나 탈북하여 망명한 황장엽 선생을 만난 적이 있습니다. 그는 공산주의자들을 가리켜 '거짓말의 집단'으로 정의했습니다. 공산주의자들은 거짓말을 하고도 아무런 갈등을 느끼지 못한다고 말했습니다. 그들은 방금 한 말을 그 자리에서 뒤집으면서도 인민을 위한 것이라며 전혀 문제 삼지 않는다고 합니다.

근래 우리 사회에 신용불량자가 많이 생겨났습니다. 이것을 단순히 사회문제로만 치부할 수는 없습니다. '거짓의 영'이 활개를 치고 다닌다는 뜻이기 때문입니다. 신용사회와 불신사회의 차이는 정신적으로나 도덕적으로 순결한가 불결한가에 있습니다.

마지막으로 영적 순결이 있습니다. 우상을 숭배하지 않는 것이 곧 영적 순결입니다. 순결 서약 운동은 대학생이 할 것이 아니라 어른들이 해야 합니다. 거룩함은 곧 순결로 돌아옵니다. 인간이 정신적으로나 도덕적으로 순결할 때, 비로소 허무와 외로움에서 벗어날 수 있습니다. 달리 말하자면, 인생의 허무함을 느끼고 외로움을 탄다는 것은 곧 영적 순결을 잃어버렸다는 증거입니다.

영혼이 깨끗하여 거짓을 행하지 않고, 성적으로 타락하지 않을 때 인간은 가장 인간다워집니다. 인간은 본질상 죄인이기에 스스로 거룩해질 수 없는 존재입니다. 그래서 예수님이 인간의 죄 문제를 해결하기 위해 십자가에서 피 흘리시고, 희생 제물이 되신 것입니다. 그로 말미암아 인간은 예수 그리스도로 인해 거룩해질 수 있습니다. 우리가 예수 그리스도의 보혈을 믿고 받아들일 때, 성령님이 우리를 거룩하게 해 주십니다.

아버지께서 아들을 세상에 보내신 것같이 예수님은 제자들을 세상에 보내십니다. 파송은 곧 거룩함과 직결됩니다. 거룩하지 않은 사람이 파송을 받으면 갈등이 늘어납니다. 반면에 파송 받은 사람이 거룩하면, 그 사명도 분명해집니다. 따라서 교회가 순조롭게 계속 파송할 수 있으려면, 비전을 갖기 전에 먼저 하나님께 거룩함과 순결을 구해야 합니다.

예수님이 제자들을 위해 중보하신 다섯 가지 복이 우리 안에 풍성히 이뤄지길 기도합니다. 하나님이 내려 주시는 복으로 세상을 변화시키는 삶을 살기를 축원합니다.

4

믿는 사람들을 위해
기도하십시오

요한복음 17:20 - 26

예수님은 누구를 위해 기도하셨는가

요한복음 17장은 성경에 기록된 가장 위대한 중보기도입니다. 히 브리서 기자는 예수님을 가리켜 "하늘로 올라가신 위대한 대제사 장"(히 4:14)이라고 했습니다. 영원한 대제사장이신 예수님이 중보 기도를 하십니다.

기도는 참으로 위대합니다. 하나님은 이미 은혜를 베푸셨지만, 그 은혜를 받아들이는 것은 우리 믿음입니다. 은혜는 과거에 이미 와 있지만, 믿음은 현재도 진행 중입니다. 하나님이 약속하신 모 든 능력과 축복을 믿음으로 받아들이는 통로가 바로 기도입니다.

기도하면 믿음이 생기고, 곧 풍성한 은혜를 받을 수 있습니다. 참 신앙인은 참 기도를 하지만, 거짓 신앙인은 허황된 기도를 하므 로 그 기도에 능력이 없습니다. 믿음이 없는 사람은 아예 기도조차 못 합니다. 믿음이 있어야 기도하고, 기도를 통해 참 믿음과 거짓 믿음을 분별할 수 있습니다. 그만큼 기도가 중요하기 때문에 예수 님이 주기도문을 주신 것입니다.

예수님의 중보기도에는 세 가지 대상이 있습니다.

첫 번째 대상은 예수님 자신입니다. 예수님은 자기 자신을 위해 "아버지여, 때가 됐습니다. 아들이 아버지께 영광을 돌릴 수 있도록 아들을 영광스럽게 하소서"(요 17:1)라고 기도하셨습니다. 예수님이 자신을 위해 중보기도를 하셨다는 사실이 우리에게 놀라움을 줍니다.

우리도 예수님처럼 자신을 위해 중보기도 할 수 있어야 합니다.

"하나님 아버지여, 내게 믿음을 주시어 하늘의 영광으로 옷 입혀 주시고, 주님의 증인이 되게 하시며, 하나님의 영광을 나타내는 복된 사람으로 세워 주십시오. 그리하여 나를 축복의 통로로 삼아 주십시오."

두 번째 대상은 제자입니다. 예수님은 "아버지께서 세상에서 택하셔서 내게 주신 사람들에게 아버지의 이름을"(요 17:6) 나타냈다고 말씀하십니다. 바로 사랑하는 제자들을 가리키신 말씀입니다. 세상 사람이 모두 하나님 아버지의 것이지만, 그중에서도 하나님이 예수님에게 주신 사람들이 있는데, 그들이 바로 제자들입니다. 세상에는 하나님께 속한 사람도 있고, 마귀에게 속한 사람도 있으며, 하나님을 위해 사는 사람도 있고, 세상을 위해 사는 사람도 있습니다. 특별히 하나님이 예수님에게 맡기신 사람들을 일컬어 제자라고 합니다.

예수님은 제자들을 위해 다섯 가지 기도를 하셨습니다.

하나, 연합과 일치입니다. "내가 아버지와 하나인 것같이 저들도 하나 되게 하옵소서"라고 기도하셨습니다.

둘, 보호와 인도와 양육입니다.

셋, 기쁨과 감동과 능력의 삶입니다.

넷, 악에 빠지지 않는 것입니다. 즉 제자들이 악에 빠지지 않고, 시험에 들지 않음으로써 사탄과 싸워 이기게 해 달라는 것입니다.

다섯, 진리로 거룩함입니다.

마지막 세 번째 대상은 제자들의 복음 전파로 인해 믿음을 갖게 되는 사람들입니다. 즉 오늘날 예수님을 믿는 우리를 위해 중보기도 하신 것입니다.

> 내 기도는 이 사람들만을 위한 것이 아닙니다. 이 사람들이 전하는 말을 듣고 나를 믿는 사람들을 위해서도 기도합니다(요 17:20).

2,000여 년 전 예루살렘에서 열두 사도가 증거하기 시작한 복음이 지금까지 이어져 오면서 수많은 사람이 믿음을 갖게 되었습니다. 복음이 유럽을 거쳐 미국으로 건너가 약 100여 년 전에 선교사들을 통해 한반도에 들어왔습니다. 그 복음을 받은 사람들이 바로 우리입니다.

얼굴도 모르는 사람의 기도로 복을 받는다

우리 교회 어노인팅(Anointing) 집회에서 중국 실업인 모임인 CB-MC(Connecting Business and Marketplace to Christ)의 왕 회장을 만났

습니다. 그분은 6대째 믿는 집안의 사람인데, 조상이 누구를 통해 예수님을 믿게 되었느냐고 물었더니 허드슨 테일러(Hudson Taylor) 선교사라고 대답했습니다. 우리나라의 언더우드나 아펜젤러 선교사에 해당하는 사람입니다. 허드슨 테일러 선교사한테서 처음 세례를 받은 왕 회장의 조상이 예수님을 믿어서 오늘에 이른 것입니다.

모든 것을 미리 알고 기도하시는 예수님의 중보기도는 오늘날 우리에게도 바로 연결됩니다. 자라 온 가정환경이나 삶의 배경으로 보아 예수님을 믿을 것 같지 않던 사람이 기적적으로 주님을 믿고 신앙생활 하는 모습을 종종 목격합니다. 모두 예수님의 중보기도 덕분입니다. 예수님이 믿는 자들을 위해 중보기도 하신 덕분에 사명을 받은 자가 복음을 전하여 그 복음을 수많은 사람이 받아들이고 있습니다.

1980년대에 영국에서 3년간 지낸 적이 있습니다. 마이클 그린(Michael Green) 목사님이 옥스퍼드 대학 옆에 있는 올데이트 교회(St Aldate's Church)에서 목회하셨는데, 그곳에 갔다가 70세는 족히 넘어 보이는 백발이 성성한 할머니를 만났습니다. 내가 한국에서 왔다고 말하자 그분이 무척 좋아했습니다. 왜 그렇게 좋아하느냐고 물었더니, 한국에서 6·25전쟁이 났다는 소식을 신문에서 읽은 뒤로 줄곧 한국을 위해 중보기도 해 왔다는 것입니다. 한국에 가 본 적이 있느냐고 묻자 한 번도 가 본 적이 없다고 대답했습니다.

그런데 드디어 한국 사람을 만났으니 얼마나 기뻤겠습니까!

우리가 예수님을 잘 믿고, 지옥 같은 일제 강점기 시대와 보릿고개로 대표되는 가난에서 벗어나 이만큼 살게 된 것도 그 할머니와 같은 많은 세계인의 중보기도가 있었기 때문입니다. 외국 선교사들이 한반도에 들어와 순교의 피를 흘린 덕분에 우리 민족이 하나님을 믿게 되었습니다.

우리도 다른 민족을 위해 중보기도 하고, 심지어 순교까지 한다면, 우리 후손들이 하나님의 복을 받을 것입니다. 기도보다 좋은 유산은 없습니다. 자녀들에게 재물이나 사업체를 물려주는 것도 좋지만, 무엇보다도 믿음을 물려주어야 합니다. 자녀들을 위해, 후손들을 위해 기도하는 부모가 최고입니다. 수천 대에 이르는 후손들에게까지 축복이 전해질 것이기 때문입니다.

우리가 예수님을 믿게 된 것은 인간적으로 잘났기 때문이거나 똑똑한 부모를 두었기 때문이 아닙니다. 하나님의 택하심이 있었기 때문입니다. 2,000여 년 전, 예수님이 장차 하나님을 믿을 사람들을 위해 미리 중보기도 하신 것이 오늘날 이뤄진 것입니다. 예수님은 인간의 미래를 알고 계십니다. 그러므로 우리는 의심하거나 낙심하지 말고, 항상 전도해야 합니다.

기도하면 인생이 살아나고, 가정이 살아나고, 사업이 살아납니다. 그러니 암이나 불치병에 걸렸다고, 실직했다고 자살하는 어리석은 짓을 해선 안 됩니다. 직장이 우리를 먹여 살리는 것이 아닙니다. 하나님이 먹이시므로 우리가 삽니다. 돈이 우리 인생을 책임지지 않습니다. 하나님이 우리 인생을 책임지십니다.

우리를 향한 예수님의 간절한 중보기도 제목은 하나님과 예수님이 하나인 것같이, 예수님과 우리가 하나인 것을 세상 사람에게 알리는 것입니다.

성경은 "그분을 영접한 사람들, 곧 그분의 이름을 믿는 사람들에게는 하나님의 자녀가 될 권세를"(요 1:12) 주셨다고 말합니다. 하나님의 자녀가 된 사람은 상속권을 얻고, 주님의 보호하심과 인도하심을 받습니다. 우리가 하나님의 자녀가 되는 것은 특권이며 동시에 책임입니다. 우리는 하나님의 약속을 받은 하나님의 자녀입니다. 따라서 우리는 하나님의 자녀답게 특권을 누리며 자부심을 가져야 합니다.

아버지여, 아버지께서 내 안에 계시고 내가 아버지 안에 있는 것같이 그들도 모두 하나가 되게 하시고 그들도 우리 안에 있게 해 아버지께서 나를 보내셨다는 것을 세상이 믿게 하소서(요 17:21).

어찌 보면 예수님의 중보기도는 막연한 것 같지만, 자세히 살펴보면, 본질을 말씀하고 계심을 알게 됩니다. 하나님의 자녀가 된다는 것은 곧 하나님의 가족이 되었음을 말합니다. 바울이 이에 관해서 자세히 설명합니다.

그러므로 이제 여러분은 더 이상 낯선 사람들이거나 나그네들이 아
니라 성도들과 동등한 시민이요, 하나님의 가족입니다. 여러분은
사도들과 예언자들의 기초 위에 세워진 사람들이요, 그리스도 예수
께서 친히 모퉁잇돌이 되셨습니다(엡 2:19-20).

우리는 하나님 나라에서 외부인이나 손님이 아닙니다. 하나님
의 자녀로서 그분의 가족이며 천국의 시민입니다. 계속해서 바울
이 말합니다.

그리스도 안에서 건물 전체가 서로 연결돼 주 안에서 함께 자라
거룩한 성전이 됩니다. 여러분도 성령 안에서 하나님께서 거하실
처소가 되기 위해 그리스도 안에서 함께 세워져 가고 있습니다(엡
2:21-22).

우리 몸은 하나님의 성전입니다. 하나님이 우리 몸을 사용하십
니다. 예수님 안에서 우리를 연결하여 성전으로 만들어 가십니다.
그 성전은 아직 완성되지 않았고, 한창 공사 중입니다. 하나님이
곧 완성하실 것입니다.

여기서 우리는 여섯 가지 사실을 발견할 수 있습니다. 첫째, 우
리는 하나님 나라의 시민권자이고, 둘째, 가족이며, 셋째, 사도들
과 선지자들의 터 위에 세워졌고, 넷째, 예수님은 우리 건물의 모

툉잇돌이 되시며, 다섯째, 우리 몸은 성전이고, 여섯째, 예수님과 함께 지어져 가고 있다는 것입니다.

성도들에게 말씀을 전하는 나는 정말로 가장 복된 사람입니다. 하나님이 주신 복을 말로 표현하고 선포하면 더욱 복되기 때문입니다. 우리는 하나님의 은혜를 입술로 선포해야 합니다. 그것이 바로 우리 능력이 됩니다.

세상에 하나님을 나타내는 삶을 살라

믿음 안에서 기적은 모두 정상적인 사건입니다. 그리스도인이 물 위를 걷는 것은 정상입니다. 이것이 성령 안에서 갖는 확신입니다. 성령 안에서는 무슨 일을 만나든지 든든합니다. 하나님을 믿는 사람들의 특징은 날마다 새로워진다는 것입니다.

믿는 자는 어렵고 힘든 일을 만나면 찬송하고 기도해야 합니다. 그러면 "그들이 한 길로 왔다가 네 앞에서 일곱 길로 도망할 것"(신 28:7)입니다.

하나님은 연합하게 하시고, 마귀는 분열케 합니다. 하나님은 사랑하시고, 마귀는 미워합니다. 분열하고 다투며 싸우는 곳은 어느 곳이든 마귀 나라입니다. 그러나 일치하고 연합하며 서로 사랑하는 곳은 하나님 나라입니다. 하나님 나라의 문화는 격려하고 축복하며 감싸 주고 칭찬하는 것입니다.

아버지께서 내게 주신 영광을 내가 그들에게 주었습니다. 이것은 우리가 하나인 것같이 그들도 하나가 되게 하려는 것입니다(요 17:22).

우리는 하나 되어 연합해야 합니다. 서로 감사(監査)하거나 불의를 고소 고발한다고 나라가 깨끗해지는 것이 아닙니다. 서로 사랑하고 믿어 주며 반성의 기회를 주는 풍토에서 나라가 건강하게 세워집니다.

만약 사람들에게 법이라는 잣대만을 들이댄다면, 살아남을 사람이 아무도 없습니다. 자녀가 실수하더라도 격려해 주고, 다시 잘해 보라고 용기를 주며 끝까지 믿어 줄 때, 그가 훌륭한 사람으로 성장할 수 있습니다.

내가 그들 안에 있고 아버지께서 내 안에 계신 것은 그들이 완전히 하나가 되게 하려는 것입니다. 그것은 또, 아버지께서 나를 보내신 것과 아버지께서 나를 사랑하신 것처럼 그들도 사랑하셨다는 것을 세상이 알게 하려는 것입니다(요 17:23).

우리가 하나 되어 서로 사랑한다면, 세상이 변화할 것입니다. 교회가 해야 할 일은 분쟁하지 않고 화합하는 것입니다. 잘잘못을 따진다고 해서 조직이 살아나는 것이 아닙니다. 서로 잘못을 용서하고 허물을 덮어 줄 때 하나님의 사랑이 임합니다.

아버지여, 아버지께서 내게 주신 사람들이 내가 있는 곳에 나와 함께 있어 내 영광, 곧 아버지께서 세상이 창조되기 전부터 나를 사랑하셔서 내게 주신 영광을 그들도 보게 하소서(요 17:24).

"세상이 알게 하려는 것입니다"(요 17:23)와 "그들도 보게 하소서"(요 17:24)는 예수님의 중보기도의 특징적인 표현입니다. 세상 사람이 우리를 보고 "당신들 때문에 예수님을 믿어 볼 만하다"고 말한다면 얼마나 좋겠습니까!

의로우신 아버지여, 세상은 아버지를 알지 못하지만 나는 아버지를 알며 이 사람들도 아버지께서 나를 보내신 것을 알고 있습니다. 나는 그들에게 아버지를 알렸고 또 앞으로도 계속 아버지를 알게 해 나를 사랑하신 아버지의 그 사랑이 그들 안에 있고 나도 그들 안에 있게 할 것입니다(요 17:25-26).

장로님들에게 화장실 청소와 주차 안내를 부탁드렸더니 정말로 앞치마를 두르고 고무장갑을 끼고 화장실을 청소했습니다. 성도들이 청소하는 장로님들을 보고 "어떤 설교보다도 위대한 설교"라고 말했습니다. 다른 사람들을 수고롭게 섬기는 장로님들을 보고 깜짝 놀란 것입니다.

세계에 위기가 닥치고 어려움이 생겼을 때, 어디든 가장 먼저 달려가는 사람이 바로 그리스도인입니다. 전 세계 전쟁 지역으로 뛰어드는 종교는 기독교밖에 없습니다. 그것을 보고 사람들은 "종교는 나와 다르지만, 기독교인은 좋은 일을 한다"고 말합니다. 우리의 희생과 헌신과 포기를 보고 눈물을 흘리며 감동합니다. 우리 주변에 장애우를 섬기는 분들이 참 많은데, 장애우의 휠체어를 밀어 주거나 그들이 잘 지나다니도록 문을 열어 주는 모습을 보면, 그것이야말로 참 예배라는 생각이 듭니다.

예수님의 중보기도는 한마디로 세상 사람들이 우리 모습을 통해 하나님을 볼 수 있게 해 달라는 것입니다. 그것을 위해 세 가지 축복을 빌며 기도하고 싶습니다.

첫째, 성령 충만하게 해 주십시오. 인간의 힘으로는 성령 충만할 수 없습니다. 자기 정욕을 십자가에 못 박은 사람만이 성령 충만할 수 있습니다.

둘째, 날마다 하나님의 말씀을 묵상하게 해 주십시오. 이유를 묻거나 따질 것 없이 말씀을 믿고 순종해야 합니다.

셋째, 사랑의 마음과 언어를 갖게 해 주십시오. 마음은 태도로 나타납니다. 무엇이든 좋게 보고 좋게 해석하며 좋은 말을 해야 합니다. 사람들은 따지고 비판하는 사람은 피해 가지만, 격려하고 사랑을 베푸는 사람은 따르게 마련입니다. 이것이 그리스도인의 모습이고, 교회의 전형(典型)입니다.

기도는 참으로 위대합니다. 하나님은 이미 은혜를 베푸셨지만, 그 은혜를 받아들이는 것은 우리 믿음입니다. 은혜는 과거에 이미 와 있지만, 믿음은 현재도 진행 중입니다. 하나님이 약속하신 모든 능력과 축복을 믿음으로 받아들이는 통로가 바로 기도입니다.

2부

배신과 고난의 밤

요한복음 18:1-40

인생에서 고난과 위기가 없는 사람은 없습니다.
죽은 사람을 제외하고, 모든 인생은 고난과 역경의 현장에서
살아가고 있다고 해도 과언이 아닙니다.
고난 앞에 섰을 때, 염려하거나 두려워하거나 자학하지 말고
하나님께 기도하십시오.
기도는 모든 한계 상황을 극복하게 하는 하나님의 방법입니다.

5

고난이 닥치기 전에
기도하십시오

요한복음 18:1-11

하나님의 아들 예수님은 늘 기도하셨다

예수님은 늘 하나님께 기도하셨습니다. 새벽 미명에 기도하시고, 밤을 새워 기도하시고, 홀로 산에서 기도하셨습니다. 예수님의 생애를 요약한다면, 교훈과 복음 전파와 치유 사역에 기도를 추가할 수 있습니다. 특히 십자가의 고난을 앞두고 여느 때보다도 기도에 전념하셨습니다.

고난이나 위기가 닥쳤을 때, 병을 앓거나 앞길이 보이지 않을 때 더욱 기도해야 합니다. 특히 삶의 근간이 흔들릴 때는 주님께 전적으로 매달려 기도해야 합니다. 기도하면 살고, 기도하지 않으면 죽습니다. 예수님은 기도의 필요성을 매우 잘 알고 계셨습니다.

예수님은 하나님이시고, 하나님의 독생자이시며, 하늘과 땅의 모든 권세를 부여받으신 분입니다. 그런데도 왜 주님은 기도하셔야만 했을까요?

대답은 매우 간단합니다. 인간의 몸을 입고 세상에 오셨기에 하나님과 끊임없이 교통하기 위해서는 기도 외에 다른 방법이 없었기 때문입니다. 예수님의 기도는 하나님과 호흡하는 것이고, 하나님을 의식하는 것이며, 하나님과 동행하는 것이었습니다.

하나님과 교통하며 더불어 살려면 잠을 자도 기도, 밥을 먹어도 기도여야 합니다. 생각과 의지로 항상 기도해야 합니다. 오랫동안 신앙생활을 해 온 믿음 좋은 사람이라도 매 순간 필요한 것이 바로 기도입니다. 인생의 경륜이 아무리 많아도 하루 세 끼를 먹어야 살 수 있듯이, 아무리 오래 믿고, 아무리 믿음이 좋아도 매일 기도해야 합니다. 코로 숨을 쉬어야 살 듯이 기도로 호흡해야 하나님을 의식하며 동행할 수 있습니다.

> 예수께서 이 기도의 말씀을 하신 뒤 제자들과 함께 기드론 골짜기 건너편으로 가셨습니다. 거기에는 동산이 하나 있었는데 예수와 제자들이 그곳으로 들어갔습니다(요 18:1).

예수님은 십자가를 지시기 전에 다락방에서 제자들과 함께 최후의 만찬을 나누셨습니다. 이때 네 가지를 행하십니다.

하나, 제자들의 발을 씻겨 주십니다. 둘, 성만찬을 베푸십니다. 셋, 다락방 강화를 들려주십니다(요 14-16장). 넷, 중보기도를 하십니다(요 17장). 그러고 나서 그 자리를 떠나 제자들과 함께 기드론 시내 저편으로 가셨습니다.

기드론은 예루살렘 동쪽에 있는 골짜기로 우기에 검고 탁한 물이 흐른다고 해서 붙여진 지명입니다. '탁류, 어두움'이란 뜻의 기드론은 어둠을 상징하는 의미가 있습니다.

우리는 큰일을 앞두고 걱정만 하기 일쑤인데, 걱정과 기도는 다른 것입니다. 생각이나 고민은 기도와 다릅니다. 밤새 잠을 못 자고 고심했다고 해서 기도한 것은 아닙니다.

예수님은 기드론 시내 저편에 있는 겟세마네 동산을 찾으십니다. 물론, 언제나 그랬듯이 기도하기 위해서였습니다. 예수님은 십자가 사건을 앞둔 몹시 긴장된 상황에서도 기도를 게을리하지 않으셨습니다.

나만의 겟세마네 동산이 있는가

신약성경의 사복음서는 예수님이 겟세마네 동산에서 보낸 그날 밤에 관해 모두 기록하고 있습니다. 누가복음은 "예수께서 예루살렘 밖으로 나가 여느 때처럼 올리브 산으로 가시자 제자들도"(눅 22:39) 따라갔다고 기록합니다. 여기서 올리브 산은 겟세마네 동산을 가리킵니다. 마가복음과 마태복음은 올리브 산(막 14:26; 마 26:30)과 겟세마네(막 14:32; 마 26:36)를 혼용합니다.

예수님은 체포되기 전날 밤에 다락방에서 제자들의 발을 씻겨 주시고, 그들과 함께 성만찬을 가지며 말씀을 나누셨습니다. 그리고 자기 자신을 위해, 제자들을 위해, 장차 믿음을 가질 사람들을 위해 중보기도 하신 후에 습관처럼 자주 찾으시던 동산으로 올라가신 것입니다.

예수님도 고난과 위기를 수없이 겪으셨습니다. 예수님은 그때마다 늘 기도하셨습니다. 인생에서 고난과 위기가 없는 사람은 없습니다. 죽은 사람을 제외하고, 모든 인생은 고난과 역경의 현장에서 살아가고 있다고 해도 과언이 아닙니다. 고난 앞에 섰을 때, 염려하거나 두려워하거나 자학하지 말고 하나님께 기도하십시오. 기도는 모든 한계 상황을 극복하게 하는 하나님의 방법입니다.

> 그곳은 예수께서 제자들과 가끔 모이던 곳이어서 예수를 배반한 유다도 알고 있었습니다(요 18:2).

예수님은 습관처럼 겟세마네 동산을 찾으셨고, 제자들도 예수님을 따라 그곳에 자주 갔습니다. 따라서 가룟 유다도 겟세마네 동산에 가면 예수님을 만날 수 있다는 사실을 알고 있었을 것입니다.

습관처럼 찾아가는 곳이 있습니까? 외로울 때마다 찾는 곳이 어디입니까? 배신당했을 때 찾아가는 곳이 어디입니까? 위기에 닥쳤을 때 자주 찾는 곳이 어디입니까?

성도들의 집에 기도 방이 하나씩 있으면 좋겠습니다. 집 안에 기도 방이 있다는 사실만으로도 큰 위로가 될 것입니다. 어렵고 힘들 때마다 하나님 앞에 무릎을 꿇고 기도할 수 있는 나만의 겟세마네 동산이 필요합니다.

그리고 자주 찾는 기도원도 한 군데쯤 있으면 좋을 것입니다. 혹시 시골에 농장이 있다면, 그곳을 기도처로 사용해도 좋습니다. 시골 농장에서 휴식을 취해 봐야 아무런 소용이 없습니다. 마음은 공허하기만 합니다. 기도할 때에야 비로소 그 마음에 주님의 평강이 임합니다.

어느 회사에 갔다가 점심시간이 되어 구내식당에 갔습니다. 직원들이 왔다 갔다 하며 분주하게 움직이는 가운데 구석에서 성경책을 읽고 있는 여직원이 눈에 들어왔습니다. 그 순간, 복잡하던 공간이 그녀로 인해 고요한 기도원이 된 것만 같았습니다. 방해가 될까 봐 가까이 다가가진 못하고, 그 모습이 너무나 아름다워서 바라보기만 했습니다.

집 안이면 어떻고, 직장이면 어떻고, 버스 안이면 어떻습니까! 어디서든 마음의 여유를 갖고 하나님의 음성에 귀를 기울여야 합니다. 나의 흔들리는 마음을 잡아 주시고, 불안한 믿음을 붙잡아 주시고, 하나님의 일을 하게 하시고, 주님의 승리를 맛보게 해 달라고 습관적으로 기도해야 합니다. 그렇게 기도하는 곳이야말로 겟세마네 동산입니다.

예수님이 열두 살 되던 해에 절기를 지키러 가족과 함께 예루살렘을 방문했다가 홀로 성전에 남아 있었던 적이 있습니다. 예수님이 일행 중에 없는 것을 뒤늦게 알아차린 부모가 예루살렘에 돌아가 3일 만에 예수님을 찾았습니다. 어머니 마리아가 놀라서 "애야, 왜 우리에게 이렇게 했느냐? 네 아버지와 내가 얼마나 걱정하며 찾았는지 모른다"(눅 2:48)고 말하자 예수님이 이렇게 대답하십니다.

"왜 나를 찾으셨습니까? 내가 마땅히 내 아버지의 집에 있어야 하는 줄 모르셨습니까?"(눅 2:49).

이 말씀은 우리에게 많은 것을 시사해 줍니다. 매일 새벽에 기도하기를 바랍니다. 일이 있든지 없든지 항상 교회에 와서 서로 얼굴을 볼 수 있기를 바랍니다. 교회는 특별한 때에만 오는 것이 아닙니다. 교회는 별일 없어도 편하게 들러 교제할 수 있는 곳이어야 합니다.

우리 아버지는 시골에서 사셨는데, 서울에 가실 때면 교회에 들렀다가 내려오시곤 했습니다. 어디든 기차를 타고 볼일을 보러 가실 때면, 돌아올 때마다 교회에 들러서 오시곤 했습니다. 달리 할 일이 없을 때도, 교회 담벼락을 붙잡고 기도하곤 하셨습니다.

특별히 고난당했을 때는 주님께 엎드려 전심으로 기도할 수 있어야 합니다. 야고보는 "여러분 가운데 고난당하는 사람이 있으면 기도하십시오. 즐거운 사람이 있으면 찬송하십시오"(약 5:13)라고 강조했습니다.

기도는 고난을 극복하게 하는 하나님의 능력입니다. 기도하면 고난이 쉽게 빨리 끝납니다. 기도하면 고난에 대한 두려움을 넉넉히 이길 수 있습니다. 하지만 기도하지 않으면 작은 고난도 무섭게 다가옵니다. 별것 아닌 고난이 무거운 짐처럼 느껴집니다. 태산 같은 문제도, 죽음의 두려움도 기도하면 이겨 낼 수 있습니다. 심지어 찬송까지 울려 퍼지게 할 수 있습니다.

유다는 로마 군인들과 대제사장들과 바리새파 사람들이 보낸 경비 병들을 데리고 그곳으로 왔습니다. 그들은 횃불과 등불과 무기를 들고 있었습니다. 예수께서는 자기가 당할 모든 일을 아시고 앞으로 나와 그들에게 물으셨습니다. "너희가 누구를 찾느냐?"(요 18:3-4).

가룟 유다가 군병들과 대제사장들, 바리새파 사람들의 부하들을 데리고 등불과 횃불과 무기를 든 채 예수님을 잡으러 겟세마네 동산으로 찾아옵니다.

어떤 일이라도 미리 알면 대처하기가 쉽고, 모르면 대처하기가 어렵습니다. 고난이 올 것을 미리 알고 대비하면, 쉽게 극복할 수 있습니다. 고난이 어려운 이유는 아무 예고 없이 갑자기 닥치기 때문입니다.

그러나 예수님은 모든 상황을 이미 알고 계십니다. 가룟 유다가 배신할 것도 미리 알고 계셨습니다. 그런데도 주님은 다락방에서 그에게 떡과 포도주를 나누어 주셨습니다.

그들이 대답했습니다. "나사렛 사람 예수요." 예수께서 그들에게 말씀하셨습니다. "내가 그 사람이다." 배반자 유다도 그들과 함께 거기에 서 있었습니다(요 18:5).

예수님이 "너희가 누구를 찾느냐?"고 물으시자 무리가 "나사렛 사람 예수"를 찾는다고 대답합니다. 예수님은 순순히 "내가 바로 그 사람"이라고 밝히십니다. 여기서 우리는 예수님의 여유를 발견할 수 있습니다. 주님은 고난 앞에서도 여유를 잃지 않으셨습니다. 위기가 닥쳤지만 여전히 자유로우십니다.

기도하는 사람은 영적 권위가 있다

두려움에 사로잡히는 순간, 곧 패배가 시작됩니다. 사람을 무서워하고 세상을 두려워하기 시작하면, 아무 일도 할 수 없게 됩니다. 지금 있는 자리에서 밀려나 실패자가 되리라는 생각에 두려워하고 괴로워합니다. 사람과 세상을 두려워하지 마십시오.

> 예수께서 "내가 그 사람이다" 하시자 그들은 뒤로 물러나 땅에 엎드려졌습니다(요 18:6).

예수님의 당당한 모습에 주님을 붙잡으러 온 무리가 오히려 두려워합니다. 기겁하고 뒤로 물러나 엎드립니다. 예수님의 영적 권위 앞에, 그분의 카리스마에 모두 지레 겁먹고 나자빠진 것입니다.

기도하는 사람에게 영적 권위가 있다는 사실을 알아야 합니다. 기도를 많이 한 사람 앞에 서면, 그의 영적 권위에 눌리게 됩니다. 기도하지 않은 사람은 영적 권위가 없습니다. 사회적 신분이나 세상적 권위로 억압하려 해선 안 됩니다. 교회는 영적 권위가 있어야 합니다. 만약 교회가 영적 권위를 잃어버린다면, 모든 것을 잃게 될 것입니다.

> 예수께서 그들에게 다시 물으셨습니다. "너희가 누구를 찾느냐?" 그러자 그들이 대답했습니다. "나사렛 사람 예수요." 예수께서 대답하셨습니다. "'내가 그 사람이다'라고 말하지 않았느냐? 너희가 나를 찾고 있다면 이 사람들은 보내 주라." 이것은 예수께서 '아버지께서 내게 주신 사람들 중 한 사람도 잃지 않았습니다'라고 하신 말씀을 이루기 위한 것이었습니다(요 18:7-9).

예수님은 무리에게 재차 누구를 찾느냐고 물으십니다. 뒤로 물러나 땅바닥에 엎드려져 있던 무리가 "나사렛 사람 예수"를 찾는다고 다시 대답합니다. 그러자 예수님은 "나를 찾고 있다면 이 사람들은 보내 주라"고 하십니다. 이것은 하나님 아버지께서 주신 자들 중 한 사람도 잃지 않았다는 말씀을 이루기 위함이었습니다.

세상 사람들은 자신이 살아남기 위해서라면 기꺼이 아랫사람들을 희생시킵니다. 그러나 예수님은 마지막 순간까지도 제자들을 보호하고 배려하십니다. 그들을 고이 돌려보내라고 말씀하신 것입니다.

그때 시몬 베드로가 칼을 가지고 있었는데 그가 칼을 빼어 대제사
장의 종을 쳐서 오른쪽 귀를 베어 버렸습니다. 그 종의 이름은 말고
였습니다(요 18:10).

위기를 앞두고 기도로 준비하신 예수님은 한없이 자유롭고 온
유한 모습을 보여 주십니다. 준비를 끝낸 사람은 어떤 위기가 닥쳐
도 피하거나 변명하지 않습니다.

그러나 기도하지 않고 잠만 잤던 베드로는 위기가 닥치는 순간,
충동적으로 행동합니다. 베드로는 혈기 왕성하고 너무나 인간적이
라는 면에서 우리와 똑 닮았습니다. 그래서 미워할 수가 없습니다.

예수님이 붙잡히시던 날 밤에 베드로는 칼을 빼 들어 대제사장
의 종 말고를 쳐서 오른쪽 귀를 베어 버렸습니다. 평소 기도하지
않는 사람은 혈기를 부리며 충동적으로 행동합니다. 기도하지 않
으면 칼을 뽑아 들게 됩니다.

이 말씀에서 우리는 여러 가지를 생각해 볼 수 있습니다. 베드로
는 칼을 빼 들고는 순간적으로 말고의 머리를 쳤을 것입니다. 그런
데 말고가 투구를 쓰고 있었기 때문에 칼이 투구에 부딪히면서 오
른쪽 귀를 베었을 것입니다. 오른쪽 귀가 잘려 나간 것으로 보아
베드로는 왼손잡이였을 것으로 추측됩니다. 아니면 말고가 돌아
서서 도망가다가 오른쪽 귀가 잘렸을 수도 있습니다. 어쨌든 베드
로는 말고의 오른쪽 귀를 베어 버렸습니다.

그때 예수께서 베드로에게 말씀하셨습니다. "네 칼을 칼집에 꽂아라. 아버지께서 주신 잔을 내가 받아 마셔야 하지 않겠느냐?"(요 18:11).

칼은 칼집에 꽂혀 있어야 안전합니다. 칼은 예리하므로 칼집에서 나오면 다른 것들을 다치게 할 수 있습니다. 칼을 갖고 다니되 항상 칼집에 꽂고 다녀야 합니다. 그래서 예수님은 베드로에게 칼을 칼집에 꽂으라고 말씀하십니다. 그러면서 하나님 아버지께서 주신 잔을 받아 마셔야 마땅하다고 말씀하십니다. 이 말씀은 중요하기에 사복음서에 모두 기록되어 있습니다.

이를 종합해 보면, 세 가지로 요약할 수 있습니다.

첫째, 하나님의 진리와 뜻은 검으로 이뤄지지 않는다는 것입니다. 하나님 나라는 결코 무력(武力)으로 완성되지 않습니다. 칼은 무력, 물질, 혈기 그리고 인간적인 생각, 열정, 충성심 등을 말하는데 이런 것들로는 하나님 나라를 이뤄 갈 수 없습니다.

세상의 권력은 칼을 사용합니다. 언론, 문화, 경제도 마찬가지입니다. 무력이나 압제나 불법으로 문제를 해결하려고 시도합니다. 그러나 예수님은 그런 방법으로는 해결될 것이 없다고 말씀하십니다.

둘째, 하나님의 뜻을 칼로 막을 수 없다는 것입니다. 예수님은 베드로에게 칼을 칼집에 꽂으라고 말씀하시며 하나님 아버지께서 주신 잔을 마셔야 하지 않겠느냐고 물으십니다. 쉽게 말해서, 예수님이 하나님의 뜻을 받들어 십자가에 달리시는 일을 감히 누가 막겠느냐는 것입니다.

만약에 우리가 기도하기로 결심한다면, 전도하기로 결단한다면, 민족을 살리기로 결정한다면 아무도 막을 수 없다는 뜻입니다. 우리가 대한민국을 좋은 나라로 만들기로 결정한다면, 학교가 살아나고 교육이 살아나고 정치가 살아나고 경제가 살아날 것입니다.

셋째, 칼을 사용하는 사람은 칼로 망한다는 것입니다. 더 놀라운 사실은 예수님이 말고의 귀를 다시 붙여 주셨다는 것입니다. 폭력보다 치유가 더욱 본질적인 것입니다. 미움보다 사랑이 해결책이라는 것입니다. 예수님의 모습에서 우리는 사랑과 용서, 치유와 화해를 발견합니다.

세상 방식으로 한다면야 나를 괴롭히고 힘들게 하는 사람에게는 복수해야 할 것입니다. 복수까지는 하지 않더라도 다시는 보지 않으려고 할 것입니다. 해코지를 하지 않는 대신에 잘 대해 주고 싶지도 않습니다. 죄를 짓지 않기 위해서라도 그 사람이 사는 동네 근처에는 얼씬도 하지 않을 것입니다.

그러나 예수님은 그런 소극적인 방식으로 윤리를 지키라고 말씀하지 않으십니다. 오히려 원수를 용서하고 사랑하라고 말씀하십니다. 적극적으로 화해하고 치유하라고 말씀하십니다.

그러므로 나를 괴롭히는 사람을 위해서 기도하십시오. 그 사람

을 도울 수 있을 때 도우십시오. 그래야 그리스도인이고, 그것이
예수님의 방식입니다.

6

기도하지 않으면
불안이 현실이 됩니다

요한복음 18:12-27

결박당하신 예수님

예수님을 체포하기 위해 세 무리의 사람들이 겟세마네 동산을 찾았습니다.

첫째, 로마 군인들입니다.

둘째, 유대인들, 즉 대제사장들과 바리새인들이 보낸 경비병들입니다.

셋째, 예수님을 팔아넘긴 가룟 유다입니다.

그들은 한밤중에 횃불과 등불과 무기를 들고 무장한 채로 예수님을 잡으러 온 것입니다. 그들과 예수님의 제자들 사이에 물리적인 충돌이 일어났습니다. 흥분한 베드로가 가지고 있던 칼을 빼 들어 대제사장의 종 말고의 오른쪽 귀를 베었습니다. 그러자 예수님이 말고의 귀를 다시 붙여 주시면서 베드로에게 칼을 칼집에 꽂으라고 말씀하십니다. 마태는 이때 예수님이 "칼을 뽑는 사람들은 모두 칼로 망할 것이다"(마 26:52)라고 말씀하셨다고 기록했습니다.

체포되신 예수님은 결박당하셨고, 재판장이 아닌 대제사장 가야바의 장인 안나스의 집으로 끌려가십니다. 당시 대제사장들은 이스라엘 백성을 위해 누군가 한 사람이 희생되어야 한다는 얘기를 나누곤 했습니다.

군인들과 천부장과 유대 사람의 경비병들이 예수를 체포했습니다. 그들은 예수를 묶어서 먼저 그해의 대제사장 가야바의 장인인 안나스에게로 끌고 갔습니다. 가야바는 전에 '한 사람이 백성들을 위해 죽는 것이 유익하다'라고 유대 사람들에게 조언했던 바로 그 사람입니다(요 18:12-14).

우리는 예수님이 두 가지 재판을 받게 되시리라는 것을 짐작할 수 있습니다. 첫째, 종교 재판입니다. 정석대로 한다면, 예수님은 로마 법정에 세워지셔야 할 것입니다. 그런데 대제사장 안나스에게 먼저 끌려가 심문을 받으시고, 묶인 채로 가야바의 집 뜰로 끌려가십니다. 유대인들이 예수님을 종교 재판에 세우려고 했음을 알 수 있습니다.

영화 〈패션 오브 크라이스트〉(The Passion Of The Christ)를 보면, 예수님이 얼마나 참혹하게 고문당하셨는지를 알 수 있습니다. 안나스의 집으로 끌려가실 때, 그들이 과연 예수님을 곱게 모셔 갔을까요?

둘째, 법정 재판입니다. 우리는 빌라도가 예수님에게서 아무 죄도 찾지 못했다고 말한 것을 잘 알고 있습니다.

그날 밤에 일어난 일 중에서 우리의 흥미를 끄는 것은 바로 베드로의 행동입니다. 베드로는 3년 동안 예수님을 충실하게 따라다닌 열두 제자 중에서도 으뜸으로 꼽히던 사람입니다. 그는 정이 많고 혈기 왕성하여 사고형 인간이라기보다는 행동형 인간이었습니다. 목숨을 걸고서라도 예수님을 따르겠다고 큰소리쳤던 인물입니다. 실제로 예수님에게 위기가 닥치자 순간적으로 칼을 빼 들고 공격하기까지 했습니다.

그렇게 적극적이고 열정적이며 헌신적이었던 베드로가 예수님이 체포되시자 전과 다른 모습을 보여 줍니다. 베드로뿐 아니라 다른 제자들도 평소와 다르게 행동했습니다. 마가는 그날 밤에 한 청년이 맨몸에 베 홑이불을 두르고 예수님을 따라가다가 사람들이 그를 붙잡자 홑이불을 버리고 벌거벗은 채로 달아났다고 기록했습니다(참조, 막 14:51-52). 제자들이 예수님을 버리고 도망쳤다는 뜻입니다. 사람들에게 붙잡히자 홑이불을 버리고 벌거벗은 채로 도망간 청년은 누구일까요? 어쩌면 마가복음을 기록한 마가 자신이 아닐지 추측해 봅니다.

또 누가는 예수님이 대제사장의 집으로 끌려가실 때, "베드로는 멀찌감치 떨어져"(눅 22:54) 뒤따라갔다고 전합니다. 아마도 그는 예수님에게 가까이 다가가자니 용기가 없고, 도망치자니 양심에 찔려서 멀찌감치 떨어져 따라갔을 것입니다. 조금 전에 칼을 빼 들어 말고의 귀를 칠 만큼 용감했던 베드로가 갑자기 두려움에 사로잡힌 것입니다.

스스로 기독교인이라고 밝히면서도 확실히 믿자니 자신이 없고, 교회에 안 다니자니 벌 받을 것 같은 생각에 예배에 느지막이

참석했다가 늘 일찍 일어나 나가는 사람들이 있습니다. 그런 사람들은 어지간해서는 교회 행사에 참석하지 않습니다. 설교만 듣고 그냥 돌아가곤 합니다. 베드로와 같은 성향의 사람들입니다.

기도해야 할 때 기도하지 않으면 일어나는 일들

멀찌감치 떨어져서 예수님을 쫓아가던 베드로에 관해 우리는 두 가지를 짐작할 수 있습니다. 첫째, 베드로의 믿음이 인간적이라는 것입니다. 교회에 아무리 오랫동안 다녔어도 성령을 받지 못하고, 인간적인 믿음을 갖고 있으면 결정적인 순간에 믿음을 행동으로 옮기지 못합니다. 이성이나 경험에 근거한 믿음은 한두 번은 잘할 수 있지만, 고난이 오면 곧 피해 버립니다. 그런 현상은 봉사 활동에서 잘 나타납니다. 눈이 오나 비가 오나 무슨 일이 있어도 꾸준하게 봉사하는 사람은 주님이 시켜서 하는 사람들입니다. 그러나 칭찬받기 좋아하고 분위기를 타는 사람은 봉사도 제멋대로 합니다.

둘째, 베드로는 기도해야 할 때 기도하지 않았습니다. 이것이 중요한 원인입니다. 예수님은 겟세마네 동산에서 땀이 피가 되도록 열심히 기도하셨습니다. 히브리서는 "예수께서 육체 가운데 계실 때 자신을 죽음에서 구원하실 수 있는 분께 통곡과 눈물로 기도와 간구를 올리셨고 그의 경외하심을 인해 응답을"(히 5:7) 받으셨다고 기록하고 있습니다. 바로 그 자리에 베드로도 있었습니다.

예수님이 통곡과 눈물로 기도하셨다는 말씀이 선뜻 이해되지 않을 것입니다. 그러나 정말로 땀이 피가 되도록 기도하셨습니다. 기도하다가 제자들을 돌아보시면, 그들은 잠자고 있었습니다. 예수님이 깨어 기도하라고 세 번이나 깨워 주셨지만, 그들은 곧 다시 잠들곤 했습니다. 예수님이 "시험에 들지 않도록 깨어서 기도하라"(마 26:41)고 말씀하셨지만, 그들은 너무 졸려서 눈을 뜰 수 없을 정도였습니다.

평소에 기도를 많이 한 사람은 어떠한 위기가 찾아와도 절대로 흔들리는 법이 없습니다. 기도로 문젯거리를 완전히 없앨 수는 없습니다. 오히려 문제가 더 악화될 수도 있습니다. 기도한다고 해서 죽은 사람이 살아나거나 암에 걸린 사람이 낫는 것은 아닙니다. 기도가 만사형통을 부르는 주문은 아니라는 뜻입니다.

그러나 기도하면, 어떤 고난도 능히 이겨 낼 힘을 얻는 것은 분명합니다. 기도하면, 문제가 해결된다기보다는 그 문제와 싸워 이길 영적 능력과 마음의 강건함을 얻게 된다는 것입니다. 고난 중에도 찬송가를 부르고, 영적 힘을 갖게 되는 것은 그런 이유에서입니다. 이것은 절대 불변의 진리입니다.

겟세마네 동산에서 예수님이 기도하실 때, 베드로는 잠에 빠졌습니다. 그러다가 로마 군인들과 대제사장들과 바리새파 사람들이 보낸 경비병들이 나타나자 그는 충동적으로 칼을 빼 들고 휘둘

렀습니다. 기도하지 않으면, 충동적으로 행동하게 되고 나쁜 결과를 낳게 되는 것을 알 수 있습니다. 충동적인 행동이 멋져 보일 수도 있지만, 최악의 결과를 낳기 십상입니다.

베드로가 기도가 부족한 탓에 충동적으로 행동하여 말고의 오른쪽 귀를 베어 버렸지만, 예수님이 말고의 귀를 도로 붙여 주셨습니다. 그리고 베드로에게 칼을 칼집에 꽂으라고 말씀하십니다. 예수님이 기도로써 모든 상황에 이미 대비하고 계셨음을 알 수 있습니다. 예수님은 베드로와 달리 마지막 순간까지도 절대 흔들리지 않으셨습니다.

인생에는 봄, 여름, 가을, 겨울이 있습니다. 항상 평온한 인생은 없습니다. 더러 시련을 겪기 마련입니다. 그러나 믿음의 기도로 준비되어 있는 사람은 어떤 시련이 닥쳐도 넉넉히 이길 수 있습니다.

시몬 베드로와 또 다른 제자 한 사람이 예수를 따라갔습니다. 이 제자는 대제사장과 아는 사이였기 때문에 예수와 함께 대제사장 집의 마당 안으로 들어갔습니다. 그러나 베드로는 문밖에서 기다려야 했습니다. 대제사장과 아는 사이인 그 제자가 나와서 문지기 하녀에게 말해 베드로를 들어오게 했습니다(요 18:15-16).

베드로와 이름을 알 수 없는 또 다른 제자 한 명이 예수님을 따라가다가 대제사장의 집에 이르렀습니다. 대제사장과 아는 사이인 다른 제자는 마당 안으로 들어가고, 베드로만 문밖에 남았습니다. 다른 제자가 문지기 하녀에게 말하여 베드로를 대제사장의 집 마당으로 들어오게 했습니다. 그런데 평소에 용감한 척하던 베드로가 두려움과 공포에 사로잡혀 갑자기 엉뚱한 대답을 하고 맙니다.

> 문지기 하녀가 베드로에게 물었습니다. "당신도 이 사람의 제자 중한 사람이지요?" 베드로가 대답했습니다. "나는 아니오." 날씨가 추웠기 때문에 종들과 경비병들은 숯불을 피워 놓고 둘러서서 불을 쬐고 있었습니다. 베드로도 불을 쬐며 그들과 함께 서 있었습니다(요 18:17-18).

하녀가 베드로에게 당신도 예수님의 제자가 아니냐고 묻자 베드로는 아니라고 대답합니다. 첫 번째 부인입니다. 사람이 한번 겁을 먹기 시작하면, 아무것도 아닌 일에도 쩔쩔매게 됩니다. 두려움에 빠진 베드로는 자기 정체를 숨기고, 순간적으로 신앙을 부인하는 지경이 되었습니다.

여기서 우리는 두 가지 사실을 발견합니다. 첫째, 한없이 좋아만 보였던 베드로의 믿음이 실은 육적이었다는 점입니다. 육적인 믿음은 보통 때엔 잘 드러나지 않지만, 위기 상황에 몰리면 여실히 드러나고 맙니다.

우리 믿음이 진짜인지 가짜인지 알려면, 누군가 욕을 해 주면 됩니다. 그러면 금방 알 수 있습니다. 힘든 상황에서 믿음의 수준이 고스란히 드러나기 때문입니다. 가장 쉬운 방법은 오른쪽 뺨을 때려서 왼쪽 뺨까지 내미는지를 보는 것입니다. 겉옷을 달라 하면 속옷까지 내주고, 오 리를 가자고 하면 십 리를 함께 가 주는지를 보면 알 수 있습니다.

그날 밤, 베드로는 자기 믿음의 밑바닥을 드러내고 말았습니다. 3년 동안 예수님을 따라다녔지만, 결국 소용없게 된 것입니다. 기도해야 할 때 기도하지 않고 잠만 잤기 때문에 정작 중요한 순간에 십자가를 감당할 준비가 되어 있지 않았음을 들키고 만 것입니다.

둘째, 베드로가 불안해하던 일이 현실로 일어났다는 점입니다. 누구에게나 인생의 위기가 한두 번쯤은 찾아옵니다. 건강을 잃거나 직장을 잃을 수도 있습니다. 이럴 때 두려움에 싸이면, 불안이 현실을 지배하게 됩니다. 사람은 원래 최상보다는 최악을 상상하는 경향이 있습니다. 불안증이 심해지면, 결국 상상을 사실로 받아들이게 됩니다. 바로 이런 일이 베드로에게 일어난 것입니다.

고난보다 더 두려워해야 할 것은

베드로가 문지기 하녀와 옥신각신하고 있을 때, 대제사장 안나스가 예수님을 심문하기 시작합니다. 그는 사람들에게 무엇을 가르쳤느냐고 예수님을 추궁합니다.

대제사장은 예수께 그의 제자들과 그의 가르침에 관해 물었습니다. 예수께서 대답하셨습니다. "나는 세상에 드러내 놓고 말했다. 나는 언제나 모든 유대 사람들이 모여 있는 회당이나 성전에서 가르쳤고 숨어서 말한 것이 아무것도 없다. 그런데 왜 나를 심문하는 것이냐? 내가 무슨 말을 했는지 내 말을 들은 사람들에게 물어보아라. 그들이 내가 한 말을 알고 있다"(요 18:19-21).

예수님은 당당한 태도로 자유롭게 말씀하시지만, 아무도 공격하지는 않으십니다. 기도로써 하나님과 충분히 의사소통을 이루셨고, 모든 준비를 완벽히 마치셨기 때문입니다. 따라서 누가 뭐라고 해도 전혀 흔들림이 없으십니다.

예수님은 공개적으로 가르쳤으며 은밀히 한 일은 하나도 없다고 말씀하십니다. 그러니 그동안에 가르친 교훈을 알고 싶으면, 예수님의 말씀을 들은 사람들을 불러다가 물어보면 알 것이라고 말씀하십니다. 그러나 세상의 권력자들은 당당한 사람을 싫어하는 법입니다. 때로는 머리를 숙이고 손도 비벼 주어야 만족할 텐데, 예수님은 전혀 그러시지 않았습니다.

예수께서 이렇게 말씀하시자 가까이 있던 경비병 중 하나가 예수의 얼굴을 치며 말했습니다. "네가 대제사장에게 이런 식으로 말해도 되느냐?"(요 18:22).

예수님 말씀이 옳은가 그른가는 중요하지 않습니다. 그들은 예수님의 당당한 태도가 거슬렸던 것입니다. 경비병이 예수님의 얼굴에 주먹을 날리지만, 주님은 동요하지 않으십니다.

> 예수께서 그에게 대답하셨습니다. "내가 잘못 말한 것이 있다면 그 잘못한 증거를 대 보아라. 그러나 내가 옳은 말을 했다면 어째서 나를 치느냐?"(요 18:23).

기도하는 사람은 흔들림이 없고, 교만하지 않습니다. 우리는 돈이 없어서 불행한 게 아니라 자꾸 흔들려서 불행합니다. 집이 없어서 불행한 게 아니라 공포와 불안에 떨어서 불행한 것입니다. 미래에 대한 자신감이 없으니 더욱 불행합니다.

한평생 살면서 우리가 겪는 어려움은 셀 수 없이 많습니다. 한 가지가 해결되나 싶으면 그다음 문제가 들이닥치곤 합니다. 그러니 하나님과 늘 깊은 교제를 나누어야 합니다. 하나님의 음성을 듣고, 기도로 많은 대화를 나누십시오. 그래야만 환난이 닥쳐도 넉넉히 이겨 낼 수 있습니다.

고난은 파도와도 같습니다. 파도는 가만히 있는 법이 없습니다. 늘 위아래로 일렁입니다. 파도가 둑을 넘으면, 홍수가 나고 사고가 납니다. 그러므로 우리는 일렁이는 파도가 둑을 넘지 않도록 늘 깨어 있어야 합니다.

그러자 안나스는 예수를 묶은 그대로 대제사장 가야바에게 보냈습니다. 시몬 베드로는 서서 불을 쬐고 있었습니다. 그때 사람들이 물었습니다. "당신도 예수의 제자 중 한 사람이지요?" 베드로는 부인하며 말했습니다. "나는 아니오!"(요 18:24-25).

베드로와 함께 불을 쬐던 사람들이 그에게 "당신도 예수의 제자 중 한 사람이지요?" 하고 묻지만, 베드로는 아니라며 딱 잘라 말합니다. 두 번째 부인입니다.

대제사장의 하인들 중 한 사람이 거기 있었는데 그 사람은 베드로가 귀를 벤 사람의 친척이었습니다. "당신이 동산에서 예수와 함께 있는 것을 내가 보지 않았소?" 베드로는 다시 부인했습니다. 그러자 곧 닭이 울었습니다(요 18:26-27).

그중에 대제사장의 하인이 있었는데, 마침 그는 베드로가 칼로 귀를 베어 버렸던 말고의 친척이었습니다. 그가 베드로가 예수님과 함께 겟세마네 동산에 있던 것을 분명히 봤다고 증언하자 베드로는 세 번째로 부인하고 맙니다. 마태복음은 이때 베드로가 저주하며 "나는 그 사람을 모른다!"(마 26:74)라고 맹세했다고 기록하고 있습니다. 바로 그때 닭이 울었습니다.

여기서 우리가 얻는 교훈은 고난을 두려워할 게 아니라 기도하지 않는 것을 두려워해야 한다는 것입니다. 기도로써 하나님과 깊은 관계를 맺고 있으면, 어떤 고난이나 슬픔이 닥쳐도 너끈히 이겨낼 수 있습니다. 심지어 십자가도 짊어질 수 있고, 순교도 마다하지 않게 됩니다.

인제 베드로는 불쌍하게 되었습니다. 믿음이 있는 줄 알았는데, 막상 위험한 상황에 부딪히니 예수님을 세 번이나 부인하고 말았습니다. 자기 자신은 얼마나 괴로웠겠습니까! 그는 닭이 우는 소리를 듣자마자 예수님의 말씀을 기억하고 밖으로 나가 한없이 눈물을 쏟았습니다.

주님 안에 있다면, 고난이나 핍박이나 위기를 두려워하지 마십시오. 문제 해결을 위해 망설이지 마십시오. 우리에게 고난이 닥칠 줄 아시는 주님이 우리로 하여금 기도로 준비하게 하십니다.

날마다 주님과 깊은 교제를 나누십시오. 그러면 어떤 고난이 몰려와도 안심하고 웃을 수 있습니다. 주님이 우리 사정을 훤히 알고 계시기 때문입니다.

7

믿음이 없으면
아무리 말해도 모릅니다

요한복음 18:28 - 40

누가 이 재판을 원하는가

인류 역사상 가장 아이러니한 이상한 재판은 바로 예수님의 재판일 것입니다. 예수님은 유대인들에 의한 종교 재판과 로마인들에 의한 정치 재판 한가운데 계셨습니다. 결국, 종교 재판도 아니고 정치 재판도 아닌, 매우 불합리한 재판을 받으셨습니다.

> 그때 유대 사람들이 예수를 가야바의 집에서 로마 총독의 관저로 끌고 갔습니다. 때는 이른 아침이었습니다. 유대 사람들은 몸을 더럽히지 않고 유월절 음식을 먹기 위해 관저 안에는 들어가지 않았습니다(요 18:28).

이 짧은 구절이 불의한 정치 재판을 보여 줍니다. 두 가지 증거를 들 수 있습니다.

첫째, 예수님은 재판을 받기 위해 가야바 법정에서 빌라도 법정으로 옮겨지십니다. 한 법정에서 계속 재판을 받지 않고, 필요에 따라 재판정을 바꾼 것입니다.

둘째, 예수님은 "이른 아침"에 재판을 받으셨습니다. 여기서 "이른 아침"이란 새벽 3-6시를 가리킵니다. 꼭두새벽에 재판을 받으신 셈입니다. 전시(戰時)에나 있을 법한 재판입니다. 예수님이 살인이나 강도 같은 중한 범죄를 저지른 것도 아니고, 쿠데타를 일으킨 것도 아닌데 충분한 검증 절차 없이 졸속으로 재판을 진행하고 있습니다. 왜 그렇게 서둘러야만 했을까요?

여기서 재미있는 사실을 하나 발견합니다. "로마 총독의 관저", 즉 빌라도의 법정에는 유대인들이 들어가지 않았다는 사실입니다. 이방인의 땅에 들어갔다가는 유월절 잔치에 참여할 수 없게 되기 때문입니다. 어쩔 수 없이 빌라도가 바깥으로 나옵니다.

> 빌라도가 밖으로 나와 그들에게 물었습니다. "너희는 이 사람을 무슨 일로 고소하려는 것이냐?"(요 18:29).

빌라도가 나오자 유대인들이 기다렸다는 듯이 소리를 지릅니다. "저 사람은 범죄자이기에 우리가 데리고 왔습니다." 그러나 빌라도는 예수님이 무슨 잘못을 저지르셨는지 이해하지 못합니다. 도대체 무슨 죄를 지었기에 꼭두새벽에 심문한단 말입니까!

정치적 관점에서 보느냐, 종교적 관점에서 보느냐에 따라 혐의가 달라지겠지만, 빌라도는 예수님에게서 어떤 혐의도 찾지 못합니다. 결국, 그는 유대인들에게 예수님을 데리고 가서 유대인의 법에 따라 재판하라고 말합니다. 그러자 유대인들이 속내를 드러내고 맙니다. 예수님을 죽이고 싶지만, 자신들에게는 그럴 권한이 없으니 로마법에 따라 사형시켜 달라고 요구합니다.

그들이 대답했습니다. "이 사람이 범죄자가 아니라면 총독님께 넘기지도 않았을 것입니다." 빌라도가 말했습니다. "이 사람을 데리고 가서 너희들의 법에 따라 재판하라." 유대 사람들이 빌라도에게 대답했습니다. "우리는 사람을 죽일 권한이 없습니다"(요 18:30-31).

합법을 가장한 불법을 자행하고자 하는 것입니다. 그들은 예수님을 십자가에 매달기 위해 로마법을 이용하는 편법을 쓰고 있습니다.

이는 예수께서 자기가 당할 죽음에 대해 이야기하신 그 말씀을 이루려는 것이었습니다(요 18:32).

사실, 유대인들의 행위는 성경 예언을 이루려는 것이었습니다. 빌라도는 정치적인 압력으로 인해 예수님의 재판을 거절할 수 없음을 직감합니다. 간교한 유대인들은 로마에서 파견된 유대 총독의 약점을 공략하여 여론 재판으로 몰아갑니다. '만약 당신이 이 재판을 하지 않거나 거부한다면, 우리가 이 사실을 로마에 알릴 것이고, 그러면 당신의 정치 생명이 끝날 수도 있다'는 메시지를 보낸 것입니다. 무언의 협박입니다. 권력에 약한 빌라도는 인간적 양심과 정치 현실 사이에서 고심하다가 결국 내용 없는 재판을 진행하게 됩니다.

> 그러자 빌라도는 다시 관저로 들어가 예수를 불러다 물었습니다. "네가 유대 사람들의 왕이냐?" 예수께서 대답하셨습니다. "네가 하는 그 말은 네 생각에서 나온 말이냐? 아니면 나에 대해 다른 사람들이 말해 준 것이냐?"(요 18:33-34).

유대인들이 관저 바깥에서 기다리고 있는 가운데, 빌라도가 요식 행위에 지나지 않는 심문을 시작합니다. 그는 예수님에게 "네가 유대인의 왕이냐?"라고 무심히 질문합니다. 그런데 예수님이 "네가 스스로 하는 말이냐? 아니면 다른 사람들의 말을 듣고 하는 말이냐?" 하고 되물으시니 당황하기 시작합니다.

세상 나라와 하나님 나라

빌라도가 예수님에게 "네가 유대 사람이냐? 네 동족과 대제사장들이 너를 내게 넘겼다. 네가 저지른 일이 대체 무엇이냐?"(요 18:35) 하고 재차 묻습니다. 그러자 예수님이 빌라도가 상상도 하지 못한 대답을 하십니다.

예수께서 말씀하셨습니다. "내 나라는 이 세상에 속한 것이 아니다. 만일 내 나라가 이 세상에 속한 것이라면 내 종들이 싸워 유대 사람들이 나를 체포하지 못하도록 막았을 것이다. 그러나 내 나라는 지금 여기에 속한 것이 아니다"(요 18:36).

유대 총독이자 재판관인 빌라도는 예수님의 말씀을 도저히 이해할 수 없었습니다. 그 순간, 그는 혼란에 빠집니다.

여기서 우리는 두 종류의 나라가 있음을 알게 됩니다. 지금 우리가 사는 이 세상 나라가 있고, 이 세상에 속하지 않은 나라가 있다는 것입니다. 세상 나라는 흥망성쇠의 역사로 이루어지지만, 예수님의 나라는 세상에 속한 곳이 아닙니다.

고대 철학자 아우렐리우스 아우구스티누스(Aurelius Augustinus)가 세상 나라에 관해서 쓴 《신국론》(神國論)은 로마가 하루아침에 멸망한 역사적인 사건에 관해 기록하고 있습니다. 또한 우리가 사는 이 세상 나라가 있고, 이 세상에 속하지 않았으며 우리가 알지 못하는 또 다른 나라가 있음을 잘 설명해 주고 있습니다.

예수님은 무리를 가르칠 때, "때가 찼고 하나님 나라가 가까이 왔으니 회개하고 복음을 믿으라!"(막 1:15)라고 말씀하신 바 있습니다. 당시에는 이 말씀을 알아들은 사람이 아무도 없었습니다. 지금도 이 말씀을 제대로 알아듣는 사람이 드뭅니다.

빌라도의 세계관에는 세상 나라가 있고, 예수님의 세계관에는 이 세상에 속하지 않은 하나님 나라가 있습니다. 세상 나라가 있다면, 하나님 나라도 있는 것입니다. 그런데 우리는 세상 나라는 알지만, 하나님 나라에 관해서는 아는 것이 없습니다.

세상 나라와 하나님 나라는 어떻게 다를까요?

첫째, 세상 나라는 영원하지 않습니다. 인류의 역사도 영원하지 않습니다. 지금까지 흘러온 인류 역사를 보면, 얼마나 많은 나라와 문명이 일어났다가 사라져 갔는지 모릅니다. 민족 또한 영원하지 않습니다.

둘째, 세상 나라는 사람이 통치합니다. 옛날에는 왕이 나라를 통치했지만, 지금은 독재자나 영웅이 통치합니다. 민주주의 제도하에서는 대통령이든 수상이든 그 나라의 권력 기관이 통치합니다. 어쨌든 모두 사람이 통치하는 것입니다.

셋째, 세상 나라의 특징은 자기 사랑입니다. 한 나라, 한 민족의 중심에는 이기심이 있습니다. 모든 나라가 자기중심을 내세우니 각자의 명분을 걸고 서로 대립하게 됩니다. 명분의 핵심에 이기적 욕망이 담겨 있습니다.

넷째, 세상 나라는 권력 중심으로 운영됩니다. 세상에서는 권력을 가진 자가 이기게끔 되어 있습니다. 또한 세상 나라는 물질을 중심으로 돌아갑니다.

그와 달리 하나님 나라는 첫째, 영원합니다. 하나님 나라는 시작도 끝도 없으며 멸망하여 사라질 일도 없습니다.

둘째, 하나님 나라는 하나님이 다스리시며 통치하십니다. 삼위일체 하나님이 역사하시고, 자기 백성들을 보호해 주십니다.

셋째, 하나님 나라의 특징은 이타심에 있습니다. 그래서 섬기는 자가 리더가 됩니다.

넷째, 하나님 나라는 영적으로 운영됩니다.

이처럼 두 나라는 천양지차를 보입니다.

사도 바울은 "하나님의 나라는 먹고 마시는 것이 아니라 성령 안에서 의와 평강과 기쁨"(롬 14:17)이라고 말합니다. 또 마태는 하나님 나라를 천국으로 표현합니다. 천국, 곧 하나님 나라라는 개념에는 최소한 세 가지 요소가 들어 있습니다. 하나님의 백성과 하나님의 통치 영역과 하나님의 통치 그 자체입니다.

성경은 하나님 나라가 가까이 왔고, 이미 임했으며 곧 완성될 것이라고 말합니다. 하나님 나라는 과거, 현재, 미래의 다양한 시제로 기록되는 특징이 있습니다. 즉 하나님 나라는 동시적으로 존재한다는 뜻입니다.

예수님은 "내가 하나님의 영을 힘입어 귀신들을 쫓아낸다면 하나님 나라가 이미 너희에게 온 것"(마 12:28)이라고 말씀하십니다. 다시 말해서, 하나님 나라가 이미 임했으므로 귀신이 떠나간다는 것입니다. 바리새파 사람들이 하나님 나라가 언제 임할지 묻자 예수님은 "하나님 나라는 눈으로 볼 수 있는 모습으로 오지 않는다. 또한 '보라. 여기에 있다', '보라. 저기에 있다' 하고 말할 수도 없다. 하나님 나라는 너희 안에 있기 때문"(눅 17:20-21)이라고 대답해 주셨습니다.

하나님 나라는 시제나 공간이 없습니다. 과거, 현재, 미래가 동시에 존재하며, 물질적이지 않으므로 눈에 보이지 않습니다. 바로 우리 안에 그 하나님 나라가 임해 있습니다.

하나님 나라를 누가 이해할까

세례 요한이 유대 광야에서 "회개하라. 하늘나라가 가까이 왔다"(마 3:2)고 외친 것은 예수님이 가까이 오셨다는 것을 선포한 것입니다. 다시 말해서, 예수님이 곧 천국이시라는 뜻입니다.

신약성경에서 예수님이 이 땅에 오셨다는 말씀은 하나님 나라가 이 땅에 임하셨다는 것을 의미합니다. 바로 예수님의 탄생을 의미하는 것입니다. 그러므로 누구든지 예수님을 영접하면, 그 안에 하나님 나라가 임하기 시작합니다.

우리는 세상 나라에서 고민하고 갈등을 겪곤 하지만, 예수님을 믿는 사람들은 그것과 상관없이 하나님 나라를 경험하게 됩니다. 그래서 슬퍼하지 않고, 원망하지 않으며, 환희와 감사와 찬송과 기쁨을 누릴 수 있습니다.

하나님 나라는 어떻게 경험합니까? 예수님이 니고데모에게 재미있는 말씀을 들려주셨습니다. "누구든지 다시 태어나지 않으면 하나님 나라를 볼 수 없다"(요 3:3). 예수님이 이 땅에 오심으로써 하나님 나라가 이미 임했지만, 하나님 나라를 경험할 수 있는 유일한 방법은 거듭나는 것입니다. 그러나 니고데모는 예수님의 말씀을 이해하지 못했습니다. 이성이나 지성으로 깨달을 수 있는 말씀이 아니기 때문입니다.

예수님은 그에게 "'다시 태어나야 한다'라고 말한 것을 너희는 이상히 여기지 말라. 바람은 불고 싶은 대로 분다. 너는 그 소리를 듣지만 바람이 어디서 오는지, 어디로 가는지 알지 못한다. 성령으로 태어난 사람도 모두 이와 같다"(요 3:7-8)고 설명해 주셨습니다. 그러나 니고데모는 예수님 말씀을 들으면 들을수록 혼란스럽기만 했습니다. 그때까지 알아 온 상식이나 살아온 세계와 너무나 다른 말씀이었기 때문입니다.

하나님 나라는 거듭나야만 볼 수 있는 나라입니다. 믿는 사람 모두가 하나님 나라를 경험하고 느낄 수 있기를 바랍니다.

나는 〈내 영혼이 은총 입어〉라는 찬송가를 좋아합니다. 특히 3절 가사를 좋아합니다.

"높은 산이 거친 들이/ 초막이나 궁궐이나/ 내 주 예수 모신 곳이/ 그 어디나 하늘나라/ 할렐루야 찬양하세/ 내 모든 죄 사함 받고/ 주 예수와 동행하니/ 그 어디나 하늘나라."

하나님 나라의 백성은 이런 고백을 하는 사람들입니다. 그래서 이 세상의 가난이나 질병이나 실패나 억압에 갇히지 않습니다.

예수님은 "내 나라는 이 세상에 속한 것이 아니다. 만일 내 나라가 이 세상에 속한 것이라면 내 종들이 싸워 유대 사람들이 나를 체포하지 못하도록 막았을 것이다. 그러나 내 나라는 지금 여기에 속한 것이 아니다"(요 18:36)라고 말씀하십니다.

이것이 바로 그리스도인이 세상에서 사는 방법입니다. 우리는 정부 기관이나 기업체에서 일하고, 정당에 가입해 활동하기도 하지만, 정작 우리가 속한 나라는 이 땅에 속해 있지 않다는 것입니다.

빌라도가 말했습니다. "그러면 네가 왕이란 말이냐?" 예수께서 대답하셨습니다. "네 말대로 나는 왕이다. 나는 진리를 증거하려고 태어났으며 진리를 증거하려고 이 세상에 왔다. 누구든지 진리에 속한 사람은 내 말을 듣는다"(요 18:37).

빌라도는 로마가 곧 진리라고 믿는 사람입니다. 그런데 예수님이 말씀하시는 진리는 그가 아는 진리와 달랐습니다.

빌라도가 물었습니다. "진리가 무엇이냐?" 빌라도는 이 말을 하고 다시 유대 사람들에게 나가 말했습니다. "나는 이 사람에게서 아무 죄도 찾지 못했다"(요 18:38).

우리는 나라가 두 개이듯, 진리 또한 두 가지가 있음을 알게 됩니다. 세상 나라에서 통용되는 진리가 있고, 하나님 나라에서 통용되는 진리가 있다는 것입니다. 예수님은 하나님 나라의 영원한 진리에 관해 말씀하시는데, 빌라도는 세상 나라의 진리를 떠올립니다. 같은 자리, 같은 시간에 예수님과 빌라도는 서로 다른 생각을 하고 있습니다.

빌라도는 예수님과 대화를 나눌수록 낭패감을 느낍니다. 그는 골치 아픈 논쟁을 그만두고 싶어 하는데, 실은 피하고 싶은 것입니다. 그는 오로지 예수님이 어떤 죄를 지었는지에만 관심이 있었습니다. 그런데 아무리 살펴봐도 죄를 찾을 수가 없으니 얼마나 골치가 아팠겠습니까? 어쨌건 죄가 없더라도 사형을 시켜야 합니다.

그 순간, 빌라도는 유대인의 명절인 유월절에 죄수 한 명을 사면하던 전례를 생각해 냅니다.

> "유월절에는 내가 죄수 한 사람을 놓아주는 관례가 있는데 너희들을 위해 '유대 사람의 왕'을 놓아주는 것이 어떻겠느냐?" 그러자 그들이 다시 소리쳤습니다. "그 사람이 아닙니다. 바라바를 놓아주십시오." 바라바는 강도였습니다(요 18:39-40).

빌라도는 예수님을 심하게 때린 후에 풀어 주면, 자기 양심도 편안해지리라고 생각했습니다. 그가 유대인들에게 예수님의 사면을 제안합니다. 그런데 모여 있던 유대인들이 놓아주라고 외친 이름은 예수가 아닌 바라바였습니다.

군중의 민의는 소중하고 묵직한 것이지만, 자칫 집단적으로 잘못된 선택을 할 수 있다는 양면성이 있습니다. 유대 군중은 예수님 대신에 바라바를 선택하고 말았습니다. 그 때문에 강도는 놓임을 받고, 죄 없는 예수님이 죽임을 당하게 되셨습니다.

3부

십자가의 죽음

요한복음 19:1- 42

예수님이 십자가에 못 박혀 죽으신 덕분에
인류의 죄가 용서받는 변화가 일어났습니다.
우리에게서 저주와 질병과 죽음이 제거되고,
하나님의 자녀가 되는 특권이 우리에게 주어진 것입니다.

8

불의한 재판을 통해
예언을 이루십니다

요한복음 19:1-16

죄인은 죄인을 구원할 수 없다

빌라도는 예수님을 심문하는 내내 고뇌합니다. 예수님에게 십자가 처형 판결을 내리기가 쉽지 않은 것입니다. 그가 고뇌하는 이유가 무엇입니까?

첫째, 예수님에게서 혐의 사실을 아무것도 발견할 수 없었기 때문입니다.

둘째, 이 재판이 불의하며 불법적이라는 사실을 잘 알고 있기 때문입니다.

> 빌라도가 물었습니다. "진리가 무엇이냐?" 빌라도는 이 말을 하고 다시 유대 사람들에게 나가 말했습니다. "나는 이 사람에게서 아무 죄도 찾지 못했다"(요 18:38).

빌라도는 처음부터 예수님이 무죄라고 생각했습니다. 그는 유대인들이 고발한 혐의를 예수님에게서 하나도 찾을 수 없었습니다. 세상의 누구도 예수님에게서 죄를 찾아낼 수 없을 것입니다.

베드로는 예수님에 관해 이렇게 증언했습니다.

그분은 죄를 지으신 일도 없고 그 입에는 거짓이 없었으며 그분은 모욕을 당하셨으나 모욕으로 갚지 않으셨고 고난을 당하셨으나 위협하지 않으셨고 공의로 심판하시는 분에게 자신을 맡기셨습니다 (벧전 2:22-23).

빌라도는 예수님을 처형하라는 유대 종교 지도자들의 여론몰이 압력에 곤경에 처합니다. 그런데도 어떻게 하면 예수님을 궁지에서 빼낼 수 있을지 고심합니다. 그는 예수님을 십자가에 처형하는 대신에 다른 처벌을 내리기로 결정합니다. 바로 채찍질입니다.

그러자 빌라도는 예수를 데려다가 채찍질했습니다(요 19:1).

당시 채찍질은 단순한 형벌이 아니었습니다. 채찍 끝에 뾰족하게 날 선 납덩이나 쇠붙이가 달려 있어서 맞을 때마다 옷이 찢기고 살점이 떨어져 나갔습니다.

빌라도는 우선 예수님을 채찍으로 때림으로써 유대인들의 마음에 동정심을 일으키려고 계산했을 것입니다. 그가 보기에 예수님은 중죄인이 아닌데, 십자가 처형은 너무 가혹하지 않느냐는 무언의 강변을 한 셈입니다.

병사들이 예수님의 머리에 가시 면류관을 씌우고 자주색 옷을 입혔습니다(요 19:2). 가시 면류관을 쓰면 머리에서 피가 흘러 얼굴이 피범벅이 되는데, 그 고통은 이루 말로 할 수 없습니다. 당시 왕들은 권위의 상징으로 자주색 옷을 입곤 했습니다. 예수님이 '유대인의 왕'으로 불리는 것을 조롱하며 자주색 옷을 입힌 것입니다.

가까이 다가가서 "유대 사람의 왕, 만세!" 하고 소리치며 손바닥으로 얼굴을 때렸습니다(요 19:3).

아마 예수님은 아주 처참한 몰골로 변했을 것입니다. 빌라도는 가혹하게 처벌하려던 게 아니라 그 정도로 벌한 뒤에 예수님을 놓아줄 계획이었습니다.

빌라도는 다시 밖으로 나와 유대 사람들에게 말했습니다. "보라. 내가 예수를 너희들 앞에 데려오겠다. 이는 그에게서 아무 죄도 찾지 못한 것을 너희에게도 알게 하려는 것이다"(요 19:4).

빌라도의 고뇌를 읽을 수 있습니다. 그는 예수님에게서 아무 죄도 찾을 수 없다고 이미 선언한 바 있습니다. 그러나 유대인들이 정치적인 압력을 가하니 할 수 없이 예수님을 데려다가 채찍질한 것입니다. 채찍에 맞아 피범벅이 된 예수님을 그들에게 보이고, 다시 한번 무죄를 선포합니다.

예수께서 가시관을 쓰고 자주색 옷을 입고 밖으로 나오자 빌라도가 그들에게 말했습니다. "보라. 이 사람이다." 대제사장들과 경비병들은 예수를 보자 크게 소리쳤습니다. "십자가에 못 박으시오! 십자가에 못 박으시오!" 빌라도가 대답했습니다. "너희들이 이 사람을 데려다가 십자가에 못 박으라. 나는 그에게서 아무 죄도 찾아낼 수가 없다"(요 19:5-6).

이 장면은 빌라도의 가쁜 숨소리가 들릴 정도로 긴장감이 높습니다. 그는 죄 없는 예수님이 억울하게 채찍질을 당한 모습을 보여주어 유대인들의 마음을 울리려고 했지만, 유대인들은 아랑곳하지 않고 예수님을 십자가에 못 박으라고 외쳐 댑니다.

빌라도는 의도대로 되지 않자 자신은 예수님에게서 아무 죄도 발견하지 못했다고 다시 선포하고, 그들이 예수님을 직접 십자가에 못 박으라고 으름장을 놓습니다. 그는 총 세 번에 걸쳐서 예수님의 무죄를 선포했습니다.

예수님은 빌라도의 말 그대로 죄가 전혀 없으신 분입니다. 죄가 없으시기에 인간의 죄를 용서하실 수 있습니다. 만약 예수님이 죄인이라면 자기 죄로 인해 죽어야 하고, 누구의 죄도 용서하실 수 없을 겁니다. 세상에는 훌륭한 종교 창시자들과 유명한 성자가 많지만, 아무도 인류의 구원자가 될 수 없었던 까닭은 그들 모두가 죄인이었기 때문입니다.

죄인은 죄인을 구원할 수 없습니다. 죄인 구원의 절대 조건은 죄 없는 이가 구원해야 한다는 것입니다. 즉 초월적인 존재이신 하나님만이 인간을 구원하실 수 있습니다. 인간은 언젠가는 죽어야 하는 유한한 존재에 불과하기 때문입니다.

또한 인간을 구원하려면 인간의 죄를 대신할 제물이 필요합니다. 그래서 예수님이 인간으로 오실 수밖에 없었던 것입니다. 예수님은 죄인 구원의 두 가지 조건을 모두 만족시키셨습니다.

누가 빌라도에게 권한을 주었는가

유대인들이 죄 없는 예수님을 십자가에 못 박으라고 소리친 이유가 무엇입니까?

첫째, 인간의 본질적인 죄 때문입니다. 당시 군중뿐 아니라 모든 인간의 내면에는 하나님을 거부하고 예수님을 믿지 않으려는 죄의 본성이 있습니다. 그러니 오늘날 우리가 예수님을 믿게 된 것은 하나의 기적입니다. 죄의 본성을 어그러뜨린 것이기 때문입니다.

그러나 사실은 우리가 예수님을 믿은 것이 아니라 성령님이 우리로 하여금 예수님을 믿게 하신 것입니다. 인간의 어두운 본성은 진리의 빛을 받아들이지 못합니다. 어둠은 빛을 받아들일 수 없기 때문입니다. 우리가 진리의 빛이신 예수님을 받아들이고 교회에 나와 예배드리는 것은 성령님이 오셔서 우리 본성을 변화시켰기 때문입니다. 인간의 본성이 얼마나 고약한지는 우리 자신이 잘 알고 있습니다.

둘째, 잘못된 종교심 때문입니다. 그 당시 유대 군중은 잘못된 종교의 희생자요 율법의 희생자였습니다. 그들은 복음을 깨닫지 못한 채 율법에 얽매여 그것이 옳은 줄로만 믿고 살았던 것입니다. 바울이 사울 시절에 예수님을 믿는 사람들을 핍박했던 것도 마찬가지 이유에서였습니다.

정의란 개인이 임의로 규정해서는 안 됩니다. 반드시 하나님이 규정하셔야 합니다. 인간은 자신이 하는 일을 옳다고 생각하는 경향이 있습니다. 그것이 정의감이라고 말합니다. 그러나 자신이 편리한 대로 잣대를 갖다 대니 문제입니다. 그래서 서로 자신이 정의롭다고 싸우고, 전쟁을 일으키는 것입니다. 미국은 미국의 정의를 내세우고, 아프간이나 이라크는 그들 나름의 정의를 주장합니다. 한국과 일본의 정의가 다르고, 이스라엘과 팔레스타인의 정의가 다른 것입니다.

셋째, 충동적인 대중 심리 때문입니다. 사람이 피를 보면 흥분하게 되듯이, 대중은 옳고 그름의 판단보다는 군중 심리에 따라 좌지우지됩니다. 얼마 전 크리스천 CEO 과정에서 포항공대 송호근 석좌교수가 영화 〈태극기 휘날리며〉가 천만 영화가 된 이유를 이렇게 설명해 주었습니다. 6·25전쟁을 직접 겪은 50, 60대 기성세대는 전쟁의 참상을 떠올리며 공감했고, 386세대는 이데올로기에 대한 추억을 재확인하며 감동했고, 20대는 영화배우 장동건과 원빈을 보는 즐거움을 누렸다는 것입니다. 이처럼 대중은 분위기에 휩쓸리기 쉽습니다.

> 유대 사람들이 빌라도에게 말했습니다. "우리에게 법이 있는데 그 법에 따르면 이 사람은 마땅히 죽어야 합니다. 그가 자기 자신을 가리켜 하나님의 아들이라고 했기 때문입니다"(요 19:7).

충동적으로 움직이는 대중, 종교적으로 세뇌된 군중, 죄성을 가진 유대인들이 이성적인 논리와 상관없이 예수님을 죽이라고 소리쳤습니다. 예수님이 자신을 하나님의 아들이라고 주장했으니 종교법에 따라 사형해야 한다는 것입니다.

빌라도를 괴롭히는 문제가 또 한 가지 있었습니다. 지난밤에 아내가 꿈에서 "이 사람"을 함부로 대하지 말라는 메시지를 받았다고 얘기해 주었기 때문입니다. 그뿐 아니라 빌라도가 직접 심문해 보니 예수님은 지금까지 그가 겪어 본 사람들과는 전혀 달랐던 것입니다. 그는 마음에 큰 부담을 느낄 수밖에 없었습니다.

> 빌라도는 이 말을 듣고 더욱 두려워서 관저 안으로 다시 되돌아갔습니다. 빌라도가 예수께 물었습니다. "네가 어디서 왔느냐?" 그러나 예수께서는 아무 대답도 하지 않으셨습니다(요 19:8-9).

유대 군중이 예수가 자신을 가리켜 하나님의 아들이라고 했으니 마땅히 죽어야 한다고 외쳐 대자 빌라도가 두려워하며 예수님에게 어디서 왔느냐고 묻습니다. 그의 내면에 갈등이 일고 있음을 보여 주는 질문입니다. 그런데 예수님은 아무 대답도 하지 않으십니다. 예수님은 때로 말씀하시고 때로 침묵하시는 분입니다.

그러자 빌라도가 예수께 말했습니다. "내게 말하지 않을 작정이냐? 내가 너를 놓아줄 권한도 있고 십자가에 못 박을 권한도 있다는 것을 알지 못하느냐?" 예수께서 빌라도에게 대답하셨습니다. "위에서 주지 않으셨더라면 네가 나를 해칠 아무런 권한도 없었을 것이다. 그러므로 나를 네게 넘겨준 사람의 죄는 더 크다"(요 19:10-11).

예수님의 침묵에 기분이 상한 빌라도가 권력에 관해 이야기합니다. 자신이 예수님을 놓아줄 수도 있고, 십자가에 못 박아 죽일 권세도 있다면서 겁을 줍니다. 하지만 예수님은 초연하십니다. 하나님 나라는 이 세상에 속하지 않았기 때문입니다. 세상 나라는 권력에 따라 움직이고, 총칼에 의해 흥망성쇠를 이루지만, 하나님 나라에서는 그런 원리가 전혀 통하지 않습니다.

예수님은 빌라도에게 "위에서 주지 않으셨더라면 네가 나를 해칠 아무런 권한도 없었을 것"이라고 말씀하십니다. 즉 모든 권세는 하나님에게서 나온다는 말씀입니다. 빌라도는 세상 권세에 관해 말하고, 예수님은 하나님 나라의 권세에 관해 말씀하십니다. 서로 관점이 다릅니다.

하나님을 믿는 사람과 믿지 않는 사람이 세상을 보는 관점은 서로 다릅니다. 그리스도인이 믿지 않는 사람의 관점으로 살려고 하니 고민이 많은 것입니다. 우리는 예수님을 믿고 복을 받는다는 것에 관해 '오복'을 생각합니다. 예수님을 믿고 복 받았다는 것을 출세하고, 돈 벌고, 장수하고, 유명해지고, 자식 잘되는 다섯 가지 복의 개념으로 이해하는 세상 습관을 버리지 못하고 있습니다. 그래서 하나님께 오복을 빌고, 기도에 응답해 주시지 않는다며 갈등하는 겁니다.

성경에서 말하는 복은 마음이 가난하고, 애통하는 사람의 몫입니다. 또 성경은 "복이 있는 사람은 악한 사람들의 꾀를 따라가지 않고 죄인들의 길에 서지 않으며 남을 업신여기는 사람들과 자리를 함께하지 않고 오직 여호와의 율법을 즐거워하고 그 율법을 밤낮으로 깊이 생각하는 자로다"(시 1:1-2)라고 말합니다.

믿는 사람과 믿지 않는 사람이 생각하는 축복의 관점이 다르고, 권력의 관점이 다릅니다. 이 차이를 인정하지 않으면, 끊임없이 고민하고 괴로워하며 갈등하게 됩니다.

우리는 이 세상에 살고 있지만, 세상에 속한 사람이 아니라 하나님 나라의 백성입니다. 하나님 나라의 질서 속에 사는 사람이고, 그 나라에서 복을 누리며 사는 사람입니다. 세상 사람은 돈이 있어야 복이고, 출세해야 복이라고 생각하지만, 우리는 예수님을 믿은 것이야말로 진정한 복이고, 구원받은 것이야말로 복이라고 믿습니다.

빌라도가 권력 앞에 무릎을 꿇다

빌라도는 예수님을 놓아주려고 몇 번이나 애썼지만, 유대 군중은 정치적 이슈로 빌라도를 계속 압박합니다.

> 이 말을 듣고 빌라도는 예수를 놓아주려고 힘을 썼습니다. 그러나 유대 사람들은 소리쳤습니다. "이 사람을 놓아주면 총독님은 가이사의 충신이 아닙니다. 누구든지 자기 자신을 왕이라고 하는 사람은 황제를 반역하는 자입니다"(요 19:12).

군중이란 필요에 따라 움직이는 매우 비겁한 존재임을 알 수 있습니다. 그들은 진리와 반대되는 주장을 펴서라도 자신들의 이익을 얻고자 합니다. 필요에 따라 태도를 바꾸고, 거짓말하며 사기치는 것이 군중 심리입니다. 빌라도는 거듭 고심하지만, 결국 권력 앞에 무릎을 꿇고 맙니다.

> 빌라도는 이 말을 듣고 예수를 끌고 나와서 돌판(히브리 말로는 가바

다)으로 마련된 재판석에 앉았습니다. 이날은 유월절의 예비일이었고 시간은 낮 12시쯤이었습니다. 빌라도가 유대 사람들에게 말했습니다. "보라. 너희들의 왕이다"(요 19:13-14).

유대인이 승기를 잡았습니다. 그래서 마치 예수님이 세상에서 사라지면, 온 땅이 행복해질 것처럼 계속 소리를 지릅니다.

그러자 그들이 소리쳤습니다. "없애 버리시오! 없애 버리시오! 십자가에 못 박으시오!" 빌라도가 그들에게 물었습니다. "너희들의 왕을 십자가에 못 박으란 말이냐?" 대제사장들이 대답했습니다. "우리에게는 가이사 말고는 다른 왕이 없습니다"(요 19:15).

유대인들이 예수님을 십자가에 못 박아 죽이라고 외치자 빌라도는 "유대인의 왕"을 어떻게 십자가에 못 박겠느냐고 묻습니다. 그러자 예수님을 죽이기로 결단한 대제사장들이 재빨리 가이사야말로 유대인의 왕이라고 대답합니다.

마침내 빌라도는 예수를 십자가에 못 박도록 그들에게 넘겨주었습니다. 로마 군인들이 예수를 데리고 나갔습니다(요 19:16).

결국, 예수님은 십자가에 못 박히게 되셨습니다. 여기서 우리는 세 가지 사실을 발견합니다. 첫째, 세상에는 불법 재판이 있을 수 있다는 것입니다. 모든 재판이 항상 의로운 것은 아닙니다. 때로 억울한 일을 겪을 수도 있는 게 현실입니다. 억울한 일이나 불법 재판에 관해 항변해 봤자 통하지 않는 것이 현실입니다. 우리는 예수님이 겪으신 불의한 재판을 보면서 이 세상에는 불의한 재판이 있다는 사실을 알 수 있습니다. 때로는 불공정과 불합리가 판을 칠 수도 있습니다.

둘째, 예수님은 십자가에 매달리실 테지만, 죄가 없으시다는 점입니다. 세상에서는 죄 없는 사람도 모함으로 인해 죄인으로 몰려 사형을 당하거나 유배를 떠나는 일이 일어날 수 있습니다. 그러나 하나님 나라는 결코 그런 일이 없습니다. 빌라도는 세 번이나 예수님의 무죄를 선언했지만, 소용이 없었습니다. 죄 없는 예수님이 십자가에서 죽으시는데, 그분은 하나님의 독생자요 그리스도이십니다. 이것이 바로 기독교의 기본 진리입니다.

셋째, 대중은 진리와 상관없이 움직이는 경향이 있습니다. 여론은 대부분 옳지만, 항상 옳은 것은 아닙니다. 오직 하나님의 진리만이 옳다는 사실을 기억해야 합니다.

9

예수님은 십자가를 향해
친히 나아가셨습니다

요한복음 19:17-30

두 강도 사이에 서시다

예수님에게 내려진 십자가 처형 판결은 인류 역사상 가장 아이러니하고 모순투성이인 판결이었습니다. 예수님에게 십자가 처형이 판결되기까지 빌라도는 우여곡절을 겪어야만 했습니다. 예수님은 불의한 재판을 받으셨지만, 십자가 처형을 패배가 아닌 승리로 바꾸고, 축복의 도구로 바꾸실 것입니다.

역사는 늘 권력자의 편에 서 있는 것처럼 보입니다. 죄 없으신 예수님에게 십자가 처형이라는 극형이 선고됩니다. 역사는 세상에 기울고, 하나님은 눈을 가리신 것처럼 보입니다.

하지만 예수님이 십자가에 달리시기까지 다섯 가지 놀라운 구원의 드라마가 펼쳐질 것입니다. 그 구원의 드라마를 하나씩 발견해 봅시다.

첫째, 예수님은 십자가 처형을 당하시는 게 아니라 십자가를 향해 나아가시는 것입니다.

> 예수는 자기의 십자가를 지시고 해골(히브리 말로 '골고다')이라는 곳으로 가셨습니다(요 19:17).

예수님이 자발적으로 십자가를 지셨다는 뜻입니다. 고난이 닥칠 때, 회피하지 말고 적극적으로 대처해야 합니다. 속히 회개하고, 잘못된 것을 바로잡아야 합니다. 그러면 고난을 극복할 길이 보입니다.

사람들은 예수 그리스도를 거절하는 대신에 그분을 처형하는 일은 환영했습니다. 그래서 빌라도에게서 예수님을 넘겨받자마자 즉시 행동으로 옮깁니다. 그들은 예수님에게 십자가를 지우고 골고다까지 데리고 갑니다. 예수님이 십자가를 짊어지고 골고다 언덕까지 가신 고난의 길을 비아 돌로로사(Via Dolorosa)라고 부릅니다. '십자가의 길'을 뜻합니다.

사람들은 억울한 일을 당하면, 저항하거나 항의합니다. 그런데 예수님은 십자가 처형 판결을 받았는데도 거부하지 않고 스스로 십자가를 지십니다. "나는 선한 목자다. 선한 목자는 양들을 위해 자기 생명을 내놓는다"(요 10:11)라고 말씀하신 대로 선한 목자이신 예수님은 자기 양들을 위해 스스로 목숨을 버리십니다.

내 아버지가 나를 사랑하시는 까닭은 내가 생명을 다시 얻기 위해 생명을 내놓았기 때문이다. 누가 내게서 생명을 빼앗는 것이 아니라 내가 스스로 내놓는 것이다. 나는 그것을 내놓을 권세도 있고 또 다시 얻을 권세도 있다. 이 계명은 내가 내 아버지께로부터 받은 것이다(요 10:17-18).

예수님은 목숨을 빼앗기신 게 아니라 스스로 내어주신 것입니다. 인류 구원을 위해 십자가의 고난을 적극적으로 받아들이십니다. 놀랍고도 신기한 구원의 드라마가 시작된 것입니다.

우리는 세상을 살아가면서 여러 가지 일을 경험합니다. 그 일들을 구원의 사건으로 바꿔야 합니다. 사업의 부도나 앓는 병이나 자녀와의 갈등 등 모든 문제를 구원이라는 주제로 환원해야 합니다. 그러면 하나님이 놀라운 구원의 드라마를 연출하실 것입니다.

둘째, 예수님이 십자가에 못 박히실 때, 특이한 사건이 하나 벌어집니다.

거기에서 그들이 예수를 십자가에 못 박았습니다. 그리고 다른 두 사람도 예수의 양쪽에 각각 한 사람씩 못 박았습니다(요 19:18).

예수님은 홀로 십자가에 달리지 않으시고, 예수님을 중심으로 양옆에 두 명의 강도가 함께 매달렸습니다. 마태, 마가, 누가는 그 두 사람을 강도나 범죄자로 기록하고 있습니다. 그들은 누가 봐도 십자가 처형을 받을 만한 흉악범이었습니다.

그들은 예수님을 두 강도 사이에 세움으로써 교묘한 술수를 부립니다. 즉 예수님을 흉악범과 같은 수준으로 끌어내리려는 것입니다. 예수님의 십자가가 '해골'이라는 뜻의 골고다 언덕에 세워진 것은 인류의 영적 상태를 보여 줍니다.

하나님의 아들, 인류의 구원자, 죄 없으신 예수님이 중앙에 서시고, 왼편에 회개하지 않은 강도가 있습니다. 그는 예수님에게 "네가 그리스도가 아니냐? 그러면 너와 우리를 구원해 보아라!"(눅 23:39)라고 말하며 저주하고 조롱합니다.

그러나 오른편 강도가 그를 꾸짖습니다. "우리는 우리가 저지른 짓이 있으니 마땅히 받을 벌을 받는 것이지만 이분은 잘못한 일이 아무것도 없다!"(눅 23:41)면서 "예수여, 당신의 나라에 들어가실 때 저를 기억해 주십시오"(눅 23:42)라고 간청합니다. 그러자 예수님이 회개한 오른편 강도에게 구원을 베푸시며 "내가 진실로 네게 말한다. 오늘 네가 나와 함께 낙원에 있을 것이다"(눅 23:43)라고 말씀하셨습니다.

사람들에게 "구원받았다, 못 받았다"를 함부로 말하면 안 됩니다. 구원은 하나님께 속한 것이지, 성경 몇 구절로 우리가 판단할 문제가 아니기 때문입니다. 자살한 사람에게도 구원을 함부로 논해서는 안 됩니다. 인간 영혼에 관해 함부로 말하거나 정죄하는 것은 오만입니다. 구원은 오직 하나님의 주권에 달려 있습니다.

만왕의 왕이심을 온 우주에 선포하시다

셋째, 빌라도가 십자가 위에 "유대 사람의 왕, 나사렛 예수"라는 푯말을 써서 붙였습니다.

빌라도는 또한 명패도 써서 십자가 위에 붙였습니다. 그 명패에는 '유대 사람의 왕, 나사렛 예수'라고 써 있었습니다. 예수께서 십자가에 못 박히신 곳이 예루살렘 성 가까이에 있었습니다. 또 그 명패가 히브리어와 라틴어와 그리스어로 각각 쓰였기 때문에 많은 유대 사람들이 이 명패를 읽었습니다. 그러자 유대 사람의 대제사장들이 빌라도에게 말했습니다. "'유대 사람의 왕'이라고 쓰지 말고 '자칭 유대 사람의 왕'이라고 써 주십시오." 빌라도가 대답했습니다. "나는 내가 쓸 것을 썼다"(요 19:19-22).

그는 예수님의 십자가 처형을 가슴 아파했습니다. 세 번이나 무죄를 선언하면서 예수님을 놓아주려고 애썼지만, 뜻대로 되지 않았습니다. 그는 마지막 순간까지 자신의 재판이 잘못되었음을 알고 있었습니다. 때때로 권력이나 압력에 의해 본인이 원치 않는 일을 행할 때, 양심에서 정의의 소리를 듣게 되곤 합니다.

빌라도는 예수님이 달리실 십자가에 죄명 대신에 "유대 사람의 왕, 나사렛 예수"를 새겼습니다. 그러자 대제사장들이 "자칭 유대 사람의 왕"으로 정정할 것을 요구했지만, 빌라도가 단칼에 거절하고 맙니다.

여기서 우리는 구원 메시지가 예수님이 유대인뿐 아니라 온 인류의 왕이심을 말해 주고 있다는 사실을 깨닫습니다. 예루살렘 성에서 가까운 골고다 언덕에 십자가가 세워졌습니다. 세계 곳곳에서 온 유대인이 모두 읽을 수 있도록 팻말이 히브리어, 라틴어, 그리스어로 쓰였습니다. 세 가지 언어로 쓰였다는 것은 예수 그리스도께서 만왕의 왕이심을 온 우주에 공표한다는 뜻입니다. 얼마나 놀라운 일입니까?

넷째, 군인들이 예수님의 옷을 나누고, 제비뽑기를 했습니다.

군인들은 예수를 십자가에 못 박고 예수의 옷을 넷으로 나눠 각각 하나씩 갖고는 속옷까지 가져갔습니다. 이 속옷은 이음새 없이 위에서 아래까지 통으로 짠 것이었습니다. 그들이 서로 말했습니다. "이것을 찢지 말고 누가 가질지 제비를 뽑자." 이것은 성경 말씀을 이루려는 것이었습니다. "그들이 내 겉옷을 나눠 가지고 내 속옷을 놓고 제비를 뽑았다"(요 19:23-24).

표면적으로 아무 일도 아닌 것같이 보이지만, 여기에 구원의 메시지가 담겨 있습니다. 예수님은 십자가에 달리실 때, 겉옷과 속옷을 입고 계셨습니다. 그런데 군인들 사이에서 예수님의 옷 쟁탈전이 벌어집니다. 예수님은 십자가에서 목숨을 잃은 것으로 끝나지 않고, 겉옷과 속옷마저 빼앗기며 착취당하셨습니다.

인간에게는 소유의 본능이 있습니다. 더 많이 가져야 행복하다고 생각합니다. 그래서 남들보다 많이 배우고, 금력과 권력을 더 많이 가지려고 합니다. 그러나 예수님은 속옷까지 빼앗기며 철저히 무소유가 되십니다.

요한복음의 저자는 예수님이 속옷마저 빼앗기시는 장면을 보고 큰 충격을 받았습니다. "그들이 자기들끼리 내 옷을 나누며 내 속옷을 두고 제비를 뽑습니다"(시 22:18)라는 시편 말씀이 그대로 응답되는 것을 직접 눈으로 확인했기 때문입니다.

다섯째, 예수님은 십자가 위에서 소위 가상칠언(架上七言)으로 불리는 일곱 가지 말을 남기십니다.

> 예수의 십자가 곁에는 예수의 어머니와 이모와 글로바의 아내 마리아와 막달라 마리아가 서 있었습니다. 예수께서는 자기의 어머니와 그 곁에 사랑하는 제자가 서 있는 것을 보시고 어머니에게 말씀하셨습니다. "어머니, 보십시오. 당신의 아들입니다." 그리고 그 제자에게는 "보아라. 네 어머니다"라고 말씀하셨습니다. 그때부터 그 제자는 예수의 어머니를 자기 집에 모셨습니다(요 19:25-27).

가상칠언에는 구원의 대 드라마가 한데 농축되어 있습니다.

하나, 용서에 관한 말씀입니다. 예수님은 머리에 가시 면류관을 쓰고, 손과 발에 못이 박힌 채로 십자가에 매달리셨습니다. 그 고통은 가히 상상을 초월합니다. 누구나 혈기를 부리고 복수심을 불태울 만큼 큰 고통이었을 것입니다. 그런데 예수님은 그 고통의 순간에도 "아버지, 저들을 용서해 주소서. 저들은 자기들이 하고 있는 일을 알지 못합니다"(눅 23:34)라며 하나님께 용서를 구하셨습니다.

우리 마음이 예수님의 마음과 같다면 얼마나 좋겠습니까? 자신을 조롱하고 힘들게 하는 사람들을 위해 기도할 수 있다면, 얼마나 복되겠습니까? 우리에게도 예수님의 마음이 주어진다면, 세상은 새롭게 달라질 것입니다. 그런 의미에서 "누가 네 오른뺨을 치거든 왼뺨마저 돌려 대어라"(마 5:39), "누가 네 뺨을 때리거든 다른 뺨도 돌려 대라. 누가 네 겉옷을 빼앗아 가고 속옷까지 가져간다 해도 거절하지 말라"(눅 6:29)는 말씀은 모두 일맥상통합니다.

예수님을 믿는 사람에게 중요한 것은 열정이 아닌 성품입니다. 공산당도 열정이 있고, 돈 버는 사람들도 열정이 있습니다. 새벽기도가 아닌 골프를 치기 위해 일찍 일어나는 열정도 있습니다. 자신이 좋아하는 것을 위해 밤을 새우는 열정도 있습니다. 하지만 참 믿음은 열정이 아니라 좋은 성품인 것입니다.

둘, 구원에 관한 말씀입니다. 예수님은 오른편 십자가에 매달린 강도에게 "내가 진실로 네게 말한다. 오늘 네가 나와 함께 낙원에 있을 것이다"(눅 23:43)라고 말씀하셨습니다. 십자가에 매달려 피흘리며 고통받는 순간에도 자기 잘못을 뉘우치는 한 영혼에게 구원을 베푸십니다.

예전에 우리 교회 집사님 한 분이 암 덩어리가 서너 개 발견되어 수원의 어느 병원에 입원한 적이 있습니다. 그 소식을 듣고 중환자실로 심방을 갔는데, 마침 그분이 눈을 떴습니다. 나는 무슨 말을 해야 할지 몰라서 〈내 영혼이 은총 입어〉를 부르고, 집사님에게 말했습니다.

"자매님이 할 일이 있습니다. 저는 여기에 계신 의사나 간호사들을 전도할 수 없지만, 자매님은 전도할 수 있습니다. 그들에게 '나는 곧 죽습니다. 하지만 예수님이 계시기 때문에 마음이 편안합니다. 나는 천국에 갈 것입니다. 의사 선생님, 간호사님, 예수님을 믿으세요'라고 말씀해 주십시오."

그러자 집사님이 눈을 반짝이며 그렇게 해 보겠다는 의사 표시를 했습니다. 그 후에 집사님이 중환자실에서 일반 병실로 옮겼다는 연락이 왔습니다. 사람은 살아야 할 이유, 희망만 있어도 암 덩어리를 이겨 낼 수 있습니다.

예수님이 십자가에 매달려 있는 순간에도 전도하셨듯이, 우리도 죽음조차 전도의 도구로 쓸 수 있어야 합니다.

셋, 효도에 관한 말씀입니다. "예수께서는 자기의 어머니와 그 곁에 사랑하는 제자가 서 있는 것을 보시고 어머니에게 말씀하셨습니다. '어머니, 보십시오. 당신의 아들입니다.' 그리고 그 제자에게는 '보아라. 네 어머니다'라고 말씀하셨습니다. 그때부터 그 제자는 예수의 어머니를 자기 집에 모셨습니다"(요 19:26-27). 예수님은 숨을 거두는 마지막 순간에도 효도하셨습니다. 사랑하는 제자에게 자기 어머니를 부탁하신 것입니다.

우리는 먹고살기 바쁘다는 핑계로 부모님에게 전화 한 통 못 드리고 삽니다. 아무리 유명하고 바쁜 사람이라도, 자기 부모를 기억하고 시간을 내어 보살펴 드려야 합니다. 다른 사람의 도움이 있어야만 살 수 있는 부모님을 향한 효도의 마음이 예수님에게 있었습니다.

넷, 절규의 말씀입니다. "오후 3시쯤 돼 예수께서 큰 소리로 "엘리 엘리 라마 사박다니"라고 부르짖으셨습니다. 이것은 "내 하나님, 내 하나님, 어째서 나를 버리셨습니까?"라는 뜻입니다"(마 27:46). 예수님은 십자가에 못 박히신 상태에서 온 땅에 어둠이 임하자 "엘리 엘리 라마 사박다니" 하고 큰 소리로 절규하셨습니다.

다섯, 고통에 관한 말씀입니다. "이후에 예수께서 모든 것이 이루어진 것을 아시고 성경을 이루려고 말씀하셨습니다. '내가 목마르다'"(요 19:28). 이것은 죽음이 임박했음을 의미합니다.

여섯, 완성에 관한 말씀입니다. 예수님이 드디어 구원을 완성하십니다. "예수께서 신 포도주를 받으시고 말씀하셨습니다. '다 이루었다.' 그리고 예수께서는 머리를 떨구시고 숨을 거두셨습니다"(요 19:30).

일곱, 위탁에 관한 말씀입니다. "예수께서 큰 소리로 부르짖으셨습니다. '아버지여, 제 영혼을 아버지의 손에 맡깁니다.' 이 말씀을 하시고 나서 숨을 거두셨습니다"(눅 23:46). 이분이 바로 예수 그리스도입니다.

언젠가 죽음을 맞이할 때, 우리도 예수님의 가상칠언을 고백할
수 있어야 합니다.

십자가를 깊이 묵상하라

예수님의 십자가를 깊이 묵상하며 세 가지 주제에 관해 생각해 보
십시오.

첫째, 죄가 없으신 하나님의 아들 예수 그리스도께서 온 인류를
치유하고 구원하기 위해 십자가를 지셨습니다.

> 그분이 친히 나무에 달려 자기 몸으로 우리의 죄를 짊어지셨으니
> 이는 우리가 죄에 대해 죽고 의에 대해 살게 하시려는 것입니다. 그
> 분이 채찍에 맞음으로 여러분이 나음을 얻었습니다(벧전 2:24).

둘째, 예수님은 십자가에서 죽으셨지만, 영으로는 살리심을 받
으셨습니다.

> 이는 여러분을 하나님께로 인도하기 위해 그리스도께서도 한 번 죄
> 를 위해 고난을 당하시고 의인으로서 불의한 사람을 대신하셨기 때
> 문입니다. 그는 육체로는 죽임을 당하셨으나 영으로는 살리심을 받
> 으셨습니다(벧전 3:18).

하나님 말씀은 처음 읽으면 정보가 되지만, 자꾸 읽고 묵상하다 보면 피가 되고 살이 되며 능력이 됩니다. 말씀을 반복해서 읽으면, 내면으로 들어와 믿음이 솟고, 능력을 나타내게 됩니다.

셋째, 예수님은 십자가에 못 박혀 죽으시고, 3일 만에 부활하시어 지금 우리 안에 계십니다. 그리고 우리에게 복 주시고, 위로와 용기를 주시며, 구원과 능력을 주십니다.

> 우리가 아직 연약할 때 그리스도께서는 작정된 시기에 경건하지 않은 사람을 위해 죽으셨습니다. 의인을 위해 죽는 사람은 거의 없고 선한 사람을 위해 과감히 죽는 사람은 간혹 있기는 합니다. 그러나 우리가 아직 죄인이었을 때 그리스도께서 우리를 위해 죽으심으로 하나님께서는 우리에 대한 그분의 사랑을 나타내셨습니다(롬 5:6-8).

우리는 예수 그리스도를 믿고 사랑하며 찬양하고 모든 영광을 돌려드려야 합니다. 예수님은 십자가에서 고난을 받으셨지만, 우리에게 영광스러운 승리를 안겨 주셨습니다. 우리는 그분을 묵상하고 찬양하며 선포해야 합니다.

그러면 하나님의 놀라운 능력이 우리 삶에 나타나고, 그 능력이 세상을 넉넉히 이길 믿음을 줄 것입니다.

10

죽음으로 진짜 구원을
이루셨습니다

요한복음 19:31-42

유월절 어린양의 뼈는 꺾이지 않았다

예수님은 십자가에서 숨을 거두시기 직전에 "다 이루었다"고 선언하셨습니다. 그리고 마지막으로 "아버지여, 제 영혼을 아버지 손에 맡깁니다"라고 말씀한 후에 운명하셨습니다. 예수님은 마지막 순간까지 몸에서 피와 물을 남김없이 쏟으면서 모든 것을 구원 사역에 내어 주셨습니다. 따라서 지상에서의 예수님의 사역은 미완성이 아니라 완성입니다.

예수님은 숨을 거두신 후에 무덤에 장사되셨습니다. 정말로 죽음을 맞이하셨다는 것입니다. 십자가에 달리신 채로 잠시 기절하셨던 것도, 혼수상태에 빠지셨던 것도 아니라는 뜻입니다. 십자가에서 진짜로 죽으셨기 때문에 십자가의 구원은 진짜입니다.

예수님의 죽음을 '진짜'라고 거듭 강조하는 이유가 있습니다. 예수님이 십자가에서 죽지 않으신 것처럼 우리가 신앙생활을 하고 있기 때문입니다. 하나님을 믿는다고 하면서도 사는 모습을 보면, 하나님 없이 사는 것 같습니다. 입으로는 "아멘, 할렐루야"를 말하지만, 실제 삶에서는 하나님을 찾아볼 수가 없다는 것입니다. 우리 신앙이 너무나 무기력하기 때문입니다.

이제 우리는 말씀을 통해 예수님이 십자가에 못 박혀 정말 죽으셨던 사실을 확실히 깨달아야 합니다.

먼저, 바울은 "내가 전해 받은 가장 중요한 것을 여러분에게 전했습니다. 그것은 그리스도께서 성경의 말씀대로 우리 죄를 위해 죽으시고 장사되셨다가 성경의 말씀대로 3일째 되던 날 다시 살리심을"(고전 15:3-4) 받았다고 말합니다. 말씀 그대로, 예수님은 분명히 죽으셨을 뿐만 아니라 무덤에 장사되었다가 사흘 만에 다시 살아나셨습니다.

구원의 비밀은 죽음에 있습니다. 다시 산다는 것은 죽음을 전제로 합니다. 죽음이 있어야 부활이 있는 법입니다. 그런데 우리 문제는 죽지 않으려는 데 있습니다. 예수님은 제자들에게 "누구든지 나를 따르려거든 자기를 부인하고 자기 십자가를 지고 따라야 한다"(마 16:24)고 가르쳐 주셨습니다. 신앙생활을 하다가 덫에 걸리는 이유는 옛사람을 죽이지 않은 채로 잘살아 보겠다고 발버둥 치기 때문입니다.

죽어야만 다시 살아날 수 있습니다. 예수님은 "내가 진실로 진실로 너희에게 말한다. 밀알 하나가 땅에 떨어져 죽지 않으면 한 알 그대로 있고 죽으면 많은 열매를 맺게 된다"(요 12:24)고 말씀하셨습니다. 내가 죽지 않으면 자신이 그대로 남습니다. 그러나 내가 죽으면 자신은 물론이고 세상에 큰 변화를 가져오게 됩니다. 예수님이 십자가에 못 박혀 죽으신 덕분에 인류의 죄가 용서받는 변화가 일어났듯이 말입니다. 우리에게서 저주와 질병과 죽음이 제거되고, 하나님의 자녀가 되는 특권이 우리에게 주어진 것입니다.

예수님이 십자가에 달려 완전히 죽으셨다는 사실을 성경은 여러 관점에서 증명합니다.

> 그날은 예비일이었고 그다음 날은 특별한 안식일이었습니다. 유대 사람들은 안식일에 시체를 십자가에 매달아 두고 싶지 않았기 때문에 빌라도에게 시체의 다리를 꺾어서 내려 달라고 요구했습니다. 그래서 로마 군인들이 와서 예수와 함께 십자가에 달린 한 사람의 다리를 꺾었고 뒤이어 다른 사람의 다리를 꺾었습니다. 그러나 예수께 와서는 이미 죽으신 것을 보고 다리를 꺾지 않았습니다(요 19:31-33).

예수님이 십자가에 달리신 날은 예비일이었고, 그다음 날이 안식일이었습니다. 그래서 유대인들은 시체를 십자가에 남겨둔 채 안식일을 지내길 원치 않아 빌라도에게 시체를 치워 달라고 요구합니다. 그런데 시체를 치우려면 죽은 것을 확인해야 합니다. 그러기 위해서 유대인들은 빌라도의 허락하에 십자가에 달린 사람들의 다리를 꺾었습니다.

십자가 처형에서 죄인의 다리를 꺾는 이유는 이렇습니다. 사람이 십자가에 달리면, 심한 고통에 시달리다가 결국 죽고 맙니다. 하지만 개인의 건강 상태에 따라 어떤 사람은 일찍 죽고, 어떤 사람은 오래 걸리기도 합니다. 그래서 긴 나무 막대기로 죄수의 정강이를 꺾어서 죽음을 확인하곤 했습니다.

유대인들의 요구로 군인들이 예수님의 양쪽 십자가에 매달렸던 강도들의 다리부터 꺾었습니다. 그러고 나서 예수님의 다리를 꺾으려고 했지만, 예수님이 이미 죽으신 것을 확인하고는 다리를 꺾지 않은 채로 둡니다. 이미 죽었으니 굳이 꺾을 필요가 없었던 것입니다.

피와 물을 쏟으시다

예수님은 왜 일찍 숨을 거두셨을까요? 이 문제에 관해 많은 법의학자나 전문가들이 연구를 거듭했습니다. 그 결과, 예수님은 예상 시간보다 훨씬 빨리 숨졌다는 것입니다. 이에 관해 여러 가지 해석이 있지만, 그중에서 가장 설득력 있고 은혜로운 것은 예수님이 온 인류의 죄를 담당하셨기 때문에 엄청난 고통으로 인해 일찍 운명하셨다는 것입니다.

여기서 분명히 짚고 넘어가야 할 것은 예수님은 다리를 꺾지 않아도 될 만큼 확실히 죽으셨다는 사실입니다.

예수님의 다리를 꺾지 않은 또 한 가지 이유가 있습니다. 출애굽할 때, 여호와께서 모세와 아론에게 유월절 양은 "반드시 한 집에서만 먹어야 한다. 고기를 조금이라도 집 밖으로 가지고 나가지 말라. 뼈를 부러뜨려서도 안 된다"(출 12:46)고 말씀하셨기 때문입니다. 또 광야에서도 모세에게 유월절 어린양을 먹을 때 "아침까지 하나도 남겨서는 안 되고 뼈를 하나도 꺾어서는 안 된다. 모든 규례를 따라 유월절을 지키라"(민 9:12)고 말씀하셨습니다. 이처럼 유월절 어린양의 뼈를 꺾어서는 안 되었습니다. 예수님이 곧 인류의 죄를 짊어진 유월절 어린양이시므로 군인들이 십자가에서 이미 죽으신 예수님의 뼈를 꺾지 않은 것은 성경 말씀을 이루기 위한 일이었습니다.

> 대신에 그중 한 군인이 창으로 예수의 옆구리를 찔렀습니다. 그러자 피와 물이 쏟아져 나왔습니다(요 19:34).

죽음을 확인하는 다른 방법은 창으로 옆구리를 찌르는 것입니다. 옆구리라 하면 범위가 넓은데, 연구에 따르면 아마 심장이었을 것입니다. 심장을 찌름으로써 죽음을 확인하는 것입니다. 성경은 예수님의 옆구리를 찌르자 "피와 물"이 나왔다고 말합니다. 전통적인 해석에 따르면, 피는 성만찬을 의미하고 물은 세례를 의미합니다. 이는 은유적인 표현으로 일리가 있는 말입니다. 예수님은 온 인류를 구원하기 위해 십자가에서 고통을 감당하시고, 몸의 피와 물을 모두 쏟으심으로써 보통 사람들보다 일찍 숨을 거두신 것입니다.

이는 그 일을 본 사람이 증언한 것입니다. 그의 증언은 참되며 그는 자신의 말이 진실하다는 것을 알고 있습니다. 그는 여러분도 믿게 하려고 증언하는 것입니다(요 19:35).

여기서 "그 일을 본 사람"이란 요한복음을 기록한 사람, 곧 사도 요한 자신을 말합니다. 요한은 예수님이 십자가에 달리신 과정과 현장을 세밀하게 관찰했습니다.

성경에 아주 재미있는 두 제자가 나오는데, 바로 베드로와 요한 입니다. 베드로는 관찰력이 없고 느끼는 대로 사는 사람입니다. 예 수님이 부활하셨다는 소식을 듣고, 베드로와 요한이 함께 그분이 묻히셨던 무덤으로 달려갑니다. 막상 현장에 도착해 보니 무덤의 돌문이 열려 있었습니다. 이때 요한은 무덤 안으로 들어가기 전에 주위를 면밀하게 살펴보지만, 베드로는 무작정 뛰어 들어갑니다. 두 사람의 성격 차이를 엿볼 수 있는 대목입니다.

사도 요한은 십자가에 달리신 예수님이 육신의 어머니에게 그 를 가리켜 "어머니, 보십시오. 당신의 아들입니다"라고 말씀하신 것을 들었고, 그에게 자기 어머니를 가리켜 "보아라. 네 어머니다" 라고 말씀하신 것을 들었습니다. 그리고 군인이 예수님의 옆구리 를 창으로 찌르자 피와 물이 쏟아지는 것을 직접 목격했습니다. 요 한은 그때 일을 모두 정확히 기억할 수밖에 없었습니다.

이런 일이 일어난 것은 "그 뼈가 하나도 꺾이지 않을 것이다"라고 한 성경을 이루려는 것이었습니다. 또 다른 성경에서도 말했습니다. "그들은 자기들이 찌른 사람을 쳐다보게 될 것이다"(요 19:36-37).

예수님의 뼈가 꺾이지 않은 것도, 옆구리를 창으로 찔린 것도 구약에서 어린양과 관련된 예언을 이루는 일입니다. 십자가 처형 현장을 목격한 사도 요한은 어린양이 죽어 가는 모습, 피와 물을 쏟으시는 모습 등을 전율이 느껴질 정도로 생생하게 전합니다.

예수님이 십자가에 달려 죽으신 때는 예비일이었고, 곧 유월절이 되기 때문에 시체를 치워야 했습니다. 예수님의 시신을 어떻게 치우느냐는 사소한 일인 것 같지만, 굉장한 영적 교훈을 줍니다.

예수님의 시신을 치운 건 제자들이 아니었습니다. 주님을 사랑한다며 열심히 따라다녔던 제자들은 그때만큼은 모습조차 보이질 않았습니다. 믿음의 허상을 드러냅니다. 우리도 주님을 믿는다고 말하며 교회에서 봉사한다고 말하지만, 결정적인 순간에는 그 자리를 떠날 수 있습니다.

요셉과 니고데모, 비로소 모습을 드러내다

예수님의 시신을 수습하기 위해 나타난 사람들은 전혀 생각지도 못한 두 사람이었습니다. 아리마대 사람 요셉과 남의 시선을 피해 한밤중에 예수님을 찾아왔던 니고데모입니다. 먼저 아리마대 사람 요셉이 빌라도에게 가서 예수님의 시신을 넘겨 달라고 당돌하게 말한 뒤에 허락을 받아 십자가에서 내립니다. 그는 예수님의 시신을 수습하며 눈물로 씻었을 것입니다.

그러고 나서 니고데모가 당시 풍습대로 시신에 향품을 넣고 고운 삼베로 감쌌습니다.

> 이 일이 있은 후 아리마대 사람 요셉이 빌라도에게 예수의 시신을 내어 달라고 간청했습니다. 요셉은 예수의 제자이면서도 유대 사람의 지도자들이 두려워 그 사실을 숨기고 있었습니다. 빌라도가 허락하자 요셉은 가서 예수의 시신을 내렸습니다(요 19:38).

아리마대 사람 요셉에 관해서는 사복음서가 모두 기록하고 있습니다. 그것으로 보아 요셉은 대단히 중요한 사람이었던 것 같습니다.

마가복음은 "아리마대 사람 요셉이 용감하게 빌라도에게 가서 예수의 시신을 내어 달라고 요청했습니다. 그는 존경받는 유대 공회원으로 그 자신도 하나님 나라를 기다리는 사람이었습니다"(막 15:43)라고 기록했습니다. 그는 산헤드린 공회원이었습니다. 당시에 산헤드린 공회원이 되려면, 사회적 배경이 있고, 학식이 높고 존경을 받는 사람이어야 했습니다. 게다가 아리마대 사람 요셉은 하나님 나라를 기다리는 사람이었습니다.

　마태복음은 "날이 저물자 아리마대 사람 요셉이라는 한 부자가 왔습니다. 그 사람도 예수의 제자였습니다"(마 27:57)라고 기록하고 있습니다. 그는 부자였으며 예수님의 제자였습니다. 누가복음에서는 "요셉이라는 유대 공회 회원이 있었는데 그는 선하고 의로운 사람이었습니다"(눅 23:50)라고 묘사되었습니다.

　여러 말씀을 종합해 볼 때, 아리마대 사람 요셉은 산헤드린 공회원으로서 하나님 나라를 기다리는 예수님의 제자였으며 부유하고 선하며 의로운 사람이었다는 것을 알 수 있습니다.

　그러나 그는 예수님을 따른다는 이유로 그때까지 자신이 쌓아 온 부와 명예와 권력을 버리고 싶지는 않았던 것 같습니다. 하나님 나라를 기다리고는 있지만, 동시에 부와 명예와 권력 또한 유지하고 싶었던 것입니다. 마음속으로 예수님을 믿을 뿐, 결정적인 순간에는 믿음을 행동으로 옮기지 못하고 있었습니다. "예수의 제자이면서도 유대 사람의 지도자들이 두려워"라는 구절이 그것을 증명해 주고 있습니다.

　그러나 그는 예수님이 재판을 받고 십자가에서 처형당하시는 모습을 보면서 마음을 바꿔 먹습니다. 그는 '당돌하게' 빌라도를 찾아가 예수님의 시신을 넘겨줄 것을 요구합니다.

　제사장, 서기관, 바리새인 등 유대의 기득권층이 예수님을 십자가에 못 박아 죽였는데, 누군가 예수님을 옹호하고 나선다면, 그 사람은 유대인 집단에서 소외될 것이 자명했습니다. 그런데도 아리마대 사람 요셉은 전혀 개의치 않고 당당하게 예수님의 시신을 수습해 옵니다.

여기서 우리는 주님의 십자가가 두려움을 제거한다는 사실을 발견합니다. 십자가는 세상의 부와 명예와 권력을 잃게 되더라도 예수님을 붙잡도록 만드는 능력입니다. 따라서 아리마대 사람 요셉은 십자가의 능력을 덧입고, 성경에 기록될 정도로 돌출 행동을 보이게 됩니다. 이 일은 매우 감동적이었습니다.

우리는 하나님을 안 믿는 게 아니라, 하나님을 믿는다고 말할 용기가 없을 뿐입니다. 성령님을 부인하는 게 아니라 성령님을 제한하고 있을 뿐입니다. 아리마대 사람 요셉도 처음에는 그랬습니다. 하지만 결국 그는 자신의 믿음과 행동을 일치시켰습니다. 예수님의 십자가 처형 사건이 그의 인생을 송두리째 바꿔 놓은 것입니다.

또 다른 사람, 니고데모가 있습니다. 그는 산헤드린 공회원이요 지성인으로서 유대 상류층 사회의 일원이었습니다. 그는 사람들의 시선을 의식해 낮이 아닌 밤중에 예수님을 찾았던 전력이 있습니다. 그때 평소에 궁금하게 여겼던 것들을 예수님께 질문했습니다. 어떻게 하면 구원을 받을 수 있으며, 어떻게 해야 하나님 나라를 볼 수 있는지를 물었습니다.

예수님은 물과 성령으로 거듭나지 않으면, 하나님 나라를 볼 수 없다고 말씀해 주셨지만, 니고데모는 예수님의 말씀을 이해하지 못한 채 떠나갔습니다. 그 후로 성경에서 그에 관한 기록이 보이지 않다가 예수님의 시신 수습 과정에서 다시 나타납니다.

아마도 그는 거듭남의 문제를 계속 고민해 오다가 예수님이 십자가에 못 박혀 처절하게 죽으신 모습을 보고는 십자가의 능력을 깨달았을 것입니다. 사람들의 이목이 무서워 캄캄한 밤에 예수님을 찾아왔던 우유부단한 성격의 니고데모가 옛 모습을 벗어 던지고 대담하게 현장으로 뛰어듭니다.

> 또 전에 밤중에 예수를 찾아갔던 니고데모도 몰약에 침향을 섞은 것을 100리트라 정도 가져왔습니다. 이 두 사람은 예수의 시신을 모셔다가 유대 사람의 장례 관례에 따라 향품과 함께 고운 삼베로 쌌습니다(요 19:39-40).

당시는 예수님의 시신을 만지면, 그분을 따르는 사람으로 취급받던 상황입니다. 하지만 니고데모는 상관하지 않고 많은 돈을 들여 예수님의 시신에 넣을 향품을 준비해 왔습니다.

> 예수께서 십자가에 못 박히신 곳에 동산이 있었는데 그 동산에는 아직 사람을 매장한 일이 없는 새 무덤이 하나 있었습니다. 그날은 유대 사람들의 예비일이었고 그 무덤도 가까이 있었기 때문에 요셉과 니고데모는 예수의 시신을 그곳에 모셨습니다(요 19:41-42).

아리마대 사람 요셉과 니고데모를 보면, 흥분되고 마음이 따뜻해집니다. 성경에 나타난 수많은 사건 중에서 두 사람의 행동이 가장 아름다운 감동을 선사합니다. 그들은 비록 뒤늦게 발동이 걸렸지만, 예수님의 십자가 처형 사건을 계기로 자신의 인생관을 바꿉니다.

십자가의 능력이 아리마대 사람 요셉과 니고데모를 붙잡은 것처럼 우리 모두를 사로잡게 되기를 축원합니다. 이제 우리는 믿음의 세계에서 수면 위로 올라와 자신을 드러내야 합니다. 예수님의 참 제자로서 정체성을 확립해야 합니다. 예수님을 따르는 사실을 부끄러워해선 안 됩니다. 하나님께 수치를 당하는 것보다 사람에게 수치를 당하는 것이 백번 낫습니다. 따라서 사람에게 인정받지 못하더라도 하나님께 인정받는 제자로 서야 합니다. 예수님의 시신을 가져다가 깨끗이 씻고 향품을 넣어 장사 지내는 성숙한 믿음을 가져야겠습니다.

가정에서나 직장에서나 여러 사람이 있는 가운데 기도하는 것을 부끄러워하지 마십시오. 하나님의 뜻대로 살지 못한다고 해서 마음속으로 하나님을 버리는 일은 절대로 하지 마십시오. 하나님을 붙잡고 믿음의 경주를 끝까지 완주하십시오. 세상을 두려워하지 말고, 용기를 내십시오. 주위 사람들에게 자신이 예수님의 제자임을 당당히 밝히십시오.

하나님의 크신 복이 우리 모두에게 임하시길 바랍니다.

구원의 비밀은 죽음에 있습니다. 다시 산다는 것은 죽음을 전제로 합니다. 죽음이 있어야 부활이 있는 법입니다.

죽어야만 다시 살아날 수 있습니다. 예수님은 "내가 진실로 진실로 너희에게 말한다. 밀알 하나가 땅에 떨어져 죽지 않으면 한 알 그대로 있고 죽으면 많은 열매를 맺게 된다"(요 12:24)고 말씀하셨습니다. 내가 죽지 않으면 자신이 그대로 남습니다. 그러나 내가 죽으면 자신은 물론이고 세상에 큰 변화를 가져오게 됩니다.

4부

영광의 부활

요한복음 20:1 - 21:25

예수님이 부활하심으로써 우리 인생이 달라졌습니다.
평강이 임했고, 성령님이 오셨습니다.
우리가 기도하면 병이 낫고, 귀신이 떠나게 되었습니다.
우리에게 능력이 생겼고, 어떤 고난도 이길 힘이 생겼습니다.
성령님이 우리와 함께하시기 때문입니다.
이제 근심하고 염려하며 불안해할 필요가 없습니다.
미래는 부활하신 예수님을 믿는 자들의 것이기 때문입니다.

11

아무렇지 않은 듯
죽음에서 일어나셨습니다

요한복음 20:1 - 18

믿지 않으면 눈으로 봐도 보이지 않는다

성경에는 크고 작은 여러 가지 기적이 기록되어 있습니다. 그중 대표적인 것은 구약에선 하나님이 말씀으로 천지 만물을 창조하신 사건이요, 신약에선 예수 그리스도께서 죽은 자 가운데서 가장 먼저 부활하신 사건입니다. 천지 창조와 부활의 기적을 믿으면, 성경의 모든 기적을 이해할 수 있습니다. 그만큼 천지 창조와 부활은 중요한 사건입니다.

기적은 자연의 반대 개념입니다. 그래서 사람들은 기적을 초자연적인 사건이라고 말합니다. 따라서 기적은 인간의 이성이나 상식과 경험으로 이해할 수 없고, 오직 영적 믿음으로만 이해할 수 있습니다.

그 주간의 첫날 이른 새벽, 아직 어두울 때에 막달라 마리아가 무덤에 가서 보니 무덤 입구를 막았던 돌이 치워져 있었습니다. 마리아는 시몬 베드로와 다른 제자 곧 예수께서 사랑하시던 제자에게 달려가서 말했습니다. "사람들이 주의 시신을 무덤 밖으로 가져다가 어디에 두었는지 모르겠습니다"(요 20:1-2).

요한복음에 따르면, 예수님의 부활을 처음 목격한 사람은 막달라 마리아입니다. 성경은 그녀가 "그 주간의 첫날 이른 새벽"에 무덤에 갔다고 기록하고 있습니다. 안식일은 토요일에 해당합니다. 안식 후 첫날 이른 아침이니까, 주일 해가 뜨기 직전인 새벽을 말합니다.

오늘날 그리스도인들이 주일을 지키는 이유는 예수님의 부활 사건이 이날 일어났기 때문입니다. 원래는 토요일에 안식했지만, 예수님이 주일 새벽에 부활하셨으므로 그 뒤로 주일에 안식하게 된 것입니다.

주일날 이른 아침에 아직 어둠이 깔려 있을 때, 막달라 마리아가 다른 여인들과 함께 예수님의 무덤을 찾았습니다. 골고다 언덕에서 예수님이 십자가에 달리시는 것을 지켜본 제자들과 여인들은 한이 맺혔을 것입니다. 울분이 치밀어도 겉으로 표현하지 못하고 삼킨 채 감정을 억눌렀을 것입니다.

유대인들은 안식일에는 활동할 수 없었기 때문에 안식일이 지난 다음 날 아침 일찍 예수님의 무덤을 찾아온 것입니다. 여러 명이 갔지만, 요한복음은 특별히 막달라 마리아에게 초점을 맞춥니다. 아마도 그녀의 행동이 특이했고, 그 상황에서 특별한 의미가 있었기 때문일 것입니다.

우리가 알다시피, 막달라 마리아는 과거에 일곱 귀신이 들려 짐승처럼 살았던 여인입니다. 그녀는 예수님을 만나 영생을 얻고 새 사람이 되었습니다. 막달라 마리아는 예수님께 받은 것이 너무나 많았습니다. 그녀는 자기 인생을 구원하시고, 변화시키신 예수님에 대한 사랑과 애정이 특별했을 것으로 짐작됩니다.

사람은 사랑을 받은 만큼 다른 사람을 사랑할 수 있습니다. 은혜를 받은 만큼 헌신할 수 있습니다. 사랑은 다른 사람이 하지 않는 것을 합니다. 사랑하는 사람만이 할 수 있는 일이 있습니다. 보통 사람은 보지 못하고 듣지 못하지만, 사랑하는 사람은 보고 들을 수 있습니다.

막달라 마리아가 가장 먼저 도착했습니다. 그런데 무덤을 지켜야할 군인이 보이지 않고, 무덤 입구를 가로막았던 육중한 돌도 치워져 있었습니다. 더 큰일은 무덤 안이 텅 비어 있다는 것입니다.

그녀는 재빨리 발걸음을 돌려 베드로와 요한에게 달려가 그 사실을 알려 주었습니다. 그때가 아마 오전 5시 30분쯤이었을 것입니다.

막달라 마리아는 부활에 관해서는 아는 바가 전혀 없었기 때문에, 순간적으로 누군가가 예수님의 시신을 훔쳐 간 것은 아닌지 염려했습니다. 부활을 믿지 않으면, 많은 것을 볼 수 없고, 창조를 믿지 않으면, 많은 것을 풀 수 없게 됩니다.

텅 빈 무덤 안에서 두 천사를 발견하다

막달라 마리아는 베드로와 요한에게 사람들이 무덤에서 예수님의 시신을 가져다가 어디에 두었는지 모르겠다고 말합니다. 베드로와 요한도 예수님의 죽음에 충격을 받고 헤어나지 못한 상태에서 시신이 없어졌다는 말을 들으니 하늘이 무너지는 것 같았을 것입니다.

> 그리하여 베드로와 다른 제자가 무덤으로 향했습니다. 두 사람이 함께 달려갔는데 베드로보다 다른 제자가 앞서 달려가 먼저 무덤에 이르렀습니다. 그 다른 제자가 몸을 굽혀 안을 살펴보았는데 고운 삼베만 놓여 있는 것을 보았으나 무덤 안으로 들어가지는 않았습니다. 그때 뒤따라온 시몬 베드로가 도착해 무덤 안으로 들어갔습니다. 그가 들어가 보니 고운 삼베가 놓여 있고 예수의 머리를 감쌌던 수건은 고운 삼베와 함께 있지 않고 따로 개켜져 있었습니다(요 20:3-7).

여기서 재미있는 것은 요한복음을 기록한 사도 요한의 태도입니다. 그는 요한복음에서 자기 이름을 기록하지 않으면서도 자신을 은근히 암시하곤 했는데, 여기서 "다른 제자"란 요한 자신을 가리키는 것이 분명합니다.

베드로와 요한의 서로 다른 성격을 여기서도 확인할 수 있습니다. 막달라 마리아의 말을 듣고, 두 사람이 예수님의 무덤을 향해 황급히 달려갔는데, 요한이 베드로보다 더 일찍 도착했습니다. 그런데도 무덤 안에 들어가지 않고 주위부터 살핍니다. 요한은 섣불리 행동하지 않고, 면면이 살피는 관찰력이 뛰어난 사람이었습니다. 뒤늦게 도착한 베드로는 앞뒤 가리지 않고 무작정 무덤 안으로 뛰어 들어갑니다. 그의 다혈질적인 성품을 그대로 보여 주는 행동입니다.

이처럼 교회는 다양한 사람들이 모이는 곳입니다. 성격이 급한 사람, 관찰력이 뛰어난 사람, 행동이 민첩한 사람 등 여러 유형의 사람이 모이지만, 모든 사람이 주님의 사역에 나름대로 필요한 존재라는 사실을 기억하십시오. 어떤 유형의 사람이 좋고 나쁘다고 말할 수 없습니다.

사람은 자기와 다른 것을 "틀리다"고 오해할 때가 많습니다. 나와 같지 않다고 해서 잘못된 것으로 여기고 정죄한다면, 그것이야말로 잘못된 행동입니다. 사람마다 각기 탁월한 면이 있기 마련입니다. 하나님은 다양한 사람들이 합력하여 선을 이루게 하십니다. 성품이 아주 판이한 베드로와 요한이 한 팀을 이루어 사역했다는 사실이 매우 흥미롭습니다.

요한은 분석적이고 합리적인 시각에서 무덤 안의 상황을 설명합니다.

첫째, 예수님의 시신을 감쌌던 고운 삼베(세마포)가 놓여 있었다고 말합니다. 시신은 없는데, 어떻게 고운 삼베만 놓여 있을 수 있을까요? 시신이 세마포를 스스로 벗었거나 아니면 누군가 벗겨 주었거나 둘 중의 하나일 것입니다. 고운 삼베가 놓인 상태를 보아, 마치 누에가 고치를 빠져나오듯 예수님이 고운 삼베를 빠져나오셨다고 설명할 수밖에 없습니다.

둘째, 머리를 감쌌던 수건은 고운 삼베와 함께 놓이지 않고, 따로 개켜져 있었다고 묘사합니다. 시신은 고운 삼베와 수건을 스스로 벗을 수 없습니다. 만약 시신이 스스로 벗었다면, 고운 삼베와 수건이 헝클어져 있든지 한곳에 모여 있었을 것입니다. 그런데 고운 삼베와 수건이 따로 놓여 있다는 것은 시신이 그대로 빠져나갔다고밖에는 달리 설명할 길이 없습니다.

> 그제야 무덤에 먼저 도착한 그 다른 제자도 안으로 들어가서 보고 믿었습니다. (그들은 아직도 예수께서 죽은 사람 가운데서 살아나야 한다는 성경을 깨닫지 못하고 있었습니다)(요 20:8-9).

예수님의 빈 무덤은 마치 호텔 방처럼 잘 정돈되어 있었습니다. 예수님이 평소에 부활에 관해 말씀하신 것을 제자들이 믿었더라면, 모든 것을 쉽게 이해할 수 있었을 것입니다. 제자들은 예수님이 죽으시고 3일 만에 부활하신다는 말씀을 들었으면서도 믿지 않았습니다. 그들은 부활을 믿지 않았으므로 큰 충격과 엄청난 혼란에 빠졌습니다. 예수님의 시신이 없어진 게 분명한데, 그 상황을 제대로 설명할 길이 없는 것입니다.

"하나님께서 태초에 하늘과 땅을 창조하셨습니다"(창 1:1)라는 말씀을 믿는 순간, 성경의 모든 세계가 파노라마처럼 열리게 됩니다. 하나님은 천지 만물과 인간을 창조하신 분인데, 다른 일을 못 하실 리가 없습니다. 죽은 자를 일으키시고, 없던 것이 생겨나게 하시는 일은 하나님께 어려운 일이 아닙니다. 하나님의 천지 창조를 인간의 이성으로 이해하려 드니까 걸리는 것입니다. 인간의 이성과 잘 맞는 것은 창조론이 아니라 진화론입니다. 그래서 사람들은 진화론이 과학적 사실이 아님에도 매력을 느끼는 것입니다.

그러고 나서 제자들은 자기들의 집으로 돌아갔습니다(요 20:10).

두 제자는 할 말을 잃었습니다. 예수님을 믿지 않고 반대하던 사람들이 기적이 계속 일어나는 것을 목격하고 나면 할 말을 잃고, 예수님과 기적을 부인할 수도 없고, 그렇다고 믿기에도 어정쩡한 상태가 되곤 했습니다. 이때 제자들의 상태가 그랬습니다. 이것이 2,000여 년 전 주일 새벽 5-6시쯤에 일어난 예수님의 부활 사건입니다.

사람이 누군가를 사랑하게 되면, 아무도 못 말립니다. 사랑은 이론이 아니라 실천입니다. 아마도 막달라 마리아의 사랑이 그랬을 것입니다. 그녀는 예수님의 부활 현장을 보고만 있었습니다. 예수님의 무덤을 떠나지 않고, 그대로 남아서 누가 예수님의 시신을 가져갔는지 알아보려고 했습니다.

그러나 마리아는 무덤 밖에 서서 울고 있었습니다. 마리아가 울다가 몸을 굽혀 무덤 안을 들여다보니 흰옷을 입은 두 천사가 예수의 시신이 있던 자리에 앉아 있었는데 한 천사는 머리맡에, 또 다른 천사는 발치에 있었습니다(요 20:11-12).

막달라 마리아는 무덤 안을 들여다보다가 "흰옷을 입은 두 천사"를 발견합니다. 두 천사는 베드로와 요한이 집으로 돌아간 후에 온 것이 아니라 처음부터 그 자리에 있었던 것입니다. 베드로와 요한은 무덤 안에서 천사들을 보지 못했는데, 막달라 마리아가 본 것입니다.

예배드릴 때, 천사가 우리 곁에 있을 수 있습니다. 다만 그들을 보는 사람이 있고, 보지 못하는 사람이 있을 뿐입니다. 예수님이 땀이 피가 되도록 기도하실 때, 마귀가 예수님을 공격하기도 했지만, 그 자리에 예수님의 기도를 돕는 천사도 있었습니다.

어느 날, 기도하는데 갑자기 가슴이 뜨거워지고, 기절할 것 같은 상황에서도 힘이 샘솟고, 찬송가가 흘러나오며 말할 수 없는 기쁨이 솟구친다면, 성령님이 역사하시거나 천사들이 돕는 것인 줄 알아야 합니다.

　내 눈으로 보지 못했다고 해서 그런 게 어디 있느냐고 큰소리쳐서는 안 됩니다. 보지 못했을 뿐, 없는 게 아니기 때문입니다. 현대의 자기중심적이고 교만한 지성인들이 범하기 쉬운 잘못입니다.

내 생각이 많으면, 부활하신 예수님이 보이지 않는다

막달라 마리아는 천사와 마주하고서도 예수님이 부활하셨으리라는 생각은 꿈에도 하지 못합니다. 천사들이 마리아에게 왜 울고 있느냐고 묻습니다. 마리아는 "사람들이 내 주를 가져다가 어디에 두었는지"(요 20:13) 모르겠다고 말하며 울먹입니다. 그런데 놀라운 일이 벌어집니다.

　　이 말을 한 후 마리아가 뒤를 돌아보았을 때 예수께서 거기 서 계셨습니다. 그러나 마리아는 그분이 예수이신 줄은 깨닫지 못했습니다(요 20:-14).

　부활하신 예수님이 그녀 뒤에 서 계셨던 것입니다. 마리아가 울고 있는 동안에도 예수님은 그곳에 계속 서 계셨습니다. 우리가 고통받고 절망하는 순간에도 주님은 항상 우리 곁에 계십니다. 다만 우리가 주님을 보지 못할 뿐입니다. 자기 슬픔이 크면 아무것도 보이지 않는 법입니다. 자기 생각이 많으면, 눈으로 보고도 알아차리지 못합니다. 막달라 마리아도 마찬가지입니다.

예수께서 마리아에게 말씀하셨습니다. "여인아, 왜 울고 있느냐? 네가 누구를 찾고 있느냐?" 마리아는 그 사람이 동산지기인 줄 알고 말했습니다. "주여, 당신이 그분을 옮겨 놓았거든 어디에다 두었는지 말해 주십시오. 그러면 내가 그분을 모셔 가겠습니다"(요 20:15).

그렇게 사랑하던 예수님을 알아보지 못합니다. 영적인 벽이 있기 때문입니다. 금식하고 기도해도 예수님을 보지 못하고, 예배 시간에 곁에서 도와주는 천사를 보지 못하듯이 말입니다.

예수께서 마리아에게 "마리아야!" 하시자 마리아가 돌아서서 히브리어로 "랍오니!" 하고 말했습니다. (이 말은 '선생님'이라는 뜻입니다.)(요 20:16).

예수님이 이름을 불러 주시자 그제야 정신이 번쩍 들어 부활하신 예수님을 알아봅니다. 예수님의 음성을 듣고서야 부활의 실체를 목격한 것입니다.

미국 보스턴을 여행할 때, 이기복 목사님에게서 재미있는 이야기를 들었습니다. 당시 이 목사님의 조카가 그곳에 살고 있었는데, 우연히 나와 마주쳐 눈인사하고 지나친 적이 있다고 합니다. 그런데 그 짧은 순간에 조카의 귀에 "내가 너를 사랑하노라" 하고 말씀하시는 하나님의 음성이 두 번이나 들렸다고 합니다. 어린 자매가 깜짝 놀라서 이 목사님에게 상담을 요청했는데, 나는 그녀에게 아무 말도 한 적이 없으니 신기할 따름이었습니다. 마침 힘든 일을 겪고 있던 자매는 하나님의 음성을 듣고 큰 위로를 받았다고 합니다.

어떤 사람은 설교를 듣다가 병이 낫기도 하고, 또 어떤 사람은 찬송가를 부르다가 하나님의 음성을 듣기도 합니다. 말씀을 읽다가 영적 통찰력으로 문제 해결의 열쇠를 발견하는 사람도 있습니다. 어떻게 이런 일들이 일어날까요? 바로 그 자리에 천사가 있고, 예수님이 함께하시기 때문입니다.

예수님의 무덤은 돌문이 열린 채로 텅 비어 보였지만 그 안에는 두 천사가 있었습니다. 우리는 교회에 와서 무엇을 봅니까? 화려한 건물을 봅니까? 프로그램과 사람들과 사역을 봅니까? 아닙니다. 우리는 부활하신 예수님을 만나야 합니다.

우리가 예배드릴 때, 예수님이 함께하시며 성령님이 예배를 도와주십니다. 우리 입술을 열어 천군 천사와 함께 찬양하게 하십니다. 부활하신 예수님이 함께하셔서 우리에게서 세속적이고 육신적인 것들을 제하시고, 우리를 거룩하며 의롭게 만드십니다. 부활하신 예수님을 만나면, 우리 육체가 새로워지고 영혼이 빛납니다.

세상의 무엇과도 비교할 수 없는 기쁨과 평화를 경험하게 됩니다.

삶에 지쳐 있습니까? 병든 마음에 울고 있습니까? 모든 희망이 사라져 버린 것만 같습니까? 빈 무덤 안에 두 천사가 있고, 막달라 마리아의 뒤에 부활하신 예수님이 계셨던 것처럼, 울면서 시신을 찾던 막달라 마리아에게 예수님이 "마리아야" 하고 이름을 불러 주셨던 것처럼, 부활하신 예수님이 지금 우리 곁에 서서 말씀하고 계십니다.

"얘야, 내가 너를 사랑한다."

부활하신 예수님을 꼭 만나길 축원합니다.

12

예수님의 부활로
우리 인생이 달라졌습니다

요한복음 20:19-23

보이지 않을 뿐, 내내 곁에 계시다

부활하신 예수님을 처음 본 사람은 막달라 마리아입니다. 그녀가 이른 새벽에 무덤으로 달려갔던 이유는 부활을 믿어서가 아니라 예수님을 사랑했기 때문입니다.

막달라 마리아는 일곱 귀신이 들려 짐승처럼 살았던 여인입니다. 그러나 예수님을 만나 새 생명을 얻고, 사람답게 살게 되었습니다. 그녀는 누구보다도 예수님을 깊이 사랑했습니다. 사랑은 상상을 초월하는 기적을 낳습니다.

안식일 다음 날, 곧 주일 해뜨기 직전에 막달라 마리아가 예수님의 무덤에 도착해 보니 무덤 입구를 막고 있던 돌이 치워져 있고, 무덤 안은 텅 비어 있었습니다. 곧바로 베드로와 요한에게 이 사실을 알렸고, 두 제자가 허겁지겁 뛰어와 무덤 안으로 들어가 봤지만, 예수님의 시신은 찾을 수가 없었습니다.

빈 무덤 안에는 시신을 쌌던 고운 삼베가 놓여 있을 뿐이었습니다. 베드로와 요한은 할 말을 잃고 집으로 돌아갔고, 막달라 마리아는 무덤 밖에 서서 울고 있습니다. 예수님을 사랑하는 마음이 그녀를 붙잡고 있는 것입니다. 모든 것이 끝난 것 같은 상황에서도 사랑은 포기하지 않습니다.

잃어버린 예수님의 시신을 찾아야 한다는 일념으로 무덤을 떠나지 못하던 막달라 마리아는 빈 무덤 안에서 예수님의 시신을 뉘었던 곳에서 두 천사를 발견합니다. 두 천사는 계속 그 자리에 있었지만, 베드로와 요한은 보지 못했고, 마리아도 처음에는 보지 못했다가 이제야 보게 된 것입니다.

마찬가지로 오늘날 교회 안에도 천사들이 있습니다. 그들이 우리 예배를 돕고, 기도와 찬양을 도와주며 성도들의 눈물을 닦아 줍니다. 다만 어떤 사람의 눈에는 보이고, 어떤 사람의 눈에는 보이지 않을 뿐이지 항상 우리 곁에 천사들이 있습니다.

막달라 마리아의 눈에 또 한 사람이 들어왔습니다. 바로 부활하신 예수님입니다. 하지만 한눈에 알아보지 못하고, 예수님의 시신을 어디에 두었는지 말해 달라고 울며 애원합니다. 부활하신 예수님이 "마리아야" 하고 부르시자 그때서야 예수님을 알아봅니다.

부활하신 예수님이 지금도 우리 이름을 불러 주고 계십니다. 우리가 울며 절망하고 있을 때, 예수님은 천사들과 함께 우리 곁에 계십니다. 혼자 중얼거리는 기도는 독백이요 하소연이 될 뿐이지만, 예수님이 우리 기도를 들으시니 우리 기도가 응답됩니다.

예수께서 마리아에게 말씀하셨습니다. "나를 만지지 마라. 내가 아직 아버지께 올라가지 못했다. 너는 내 형제들에게 가서 '내가 내 아버지 곧 너희 아버지, 내 하나님 곧 너희 하나님께로 올라갈 것이다'라고 말하여라." 막달라 마리아는 제자들에게 가서 주를 보았다는 것과 예수께서 자기에게 하신 말씀을 전해 주었습니다(요 20:17-18).

예수님은 막달라 마리아에게 자신이 부활한 사실을 제자들에게 전하라고 말씀하셨습니다. 예수님의 부활 소식을 들은 베드로와 요한은 큰 충격을 받고 당황했을 것입니다. 예수님의 빈 무덤을 보고 돌아왔기에 더욱 놀랐을 것입니다. 이것이 주일 새벽에 있었던 사건입니다.

하나님의 창조를 믿고, 예수님의 부활을 믿으며 성령님의 도우심도 믿으면서도 흔들리고 방황할 때가 있습니다. 상황이 제대로 해석되지 않기 때문입니다. 왜 그런 현상이 일어납니까? 신앙 세계에서는 하나님을 부인할 수도, 기적을 믿을 수도 없는 기이한 일들이 일어나곤 하기 때문입니다.

그날, 곧 그 주간의 첫날 저녁에 제자들은 유대 사람들을 두려워해 문들을 걸어 잠그고 모여 있었습니다. 그때 예수께서 오셔서 그들 가운데 서서 말씀하셨습니다. "너희에게 평강이 있을지어다!" 이렇게 말씀하신 뒤 예수께서는 제자들에게 자신의 손과 옆구리를 보여 주셨습니다. 그러자 제자들은 주를 보고 기뻐했습니다(요 20:19-20).

막달라 마리아가 부활하신 예수님을 만난 그날 저녁에 제자들이 한곳에 모였습니다. 그들은 유대인들이 두려워서 문을 닫아걸었습니다. 그런데 예수님이 그곳에 홀연히 나타나셨습니다. 아무도 문을 열어 주지 않았는데도 들어오셔서 제자들에게 부활한 자기 몸을 친히 보여 주십니다.

부활하시기 전에는 예수님도 우리처럼 시간과 공간의 제약을 받으셨습니다. 그런데 부활하자 시간과 공간을 초월하게 되셨습니다. 부활을 전후로 예수님의 몸이 달라지셨다는 증거입니다. 우리가 이 땅의 삶을 마감하고 천국에 들어갈 때 우리도 바로 그런 부활의 몸이 될 것입니다. 예수님은 지금도 이곳에 계시면서, 동시에 세상 어느 곳에도 함께 계십니다.

평강이 있을지어다

부활하신 예수님은 제자들이 모인 곳에 오셔서 매우 독특한 세 가지 말씀을 주십니다.

첫째, "너희에게 평강이 있을지어다!"라고 인사하셨습니다. 죄인의 특징은 불안한 모습입니다. 인간은 항상 불안해합니다. 고통, 위험, 질병, 죽음 등에 관해 늘 불안해합니다. 심지어 아무 탈 없이 모든 일이 잘 돌아가도 불안을 느낍니다. 인간 자체가 불안전한 존재이기 때문입니다.

따라서 인간은 본능적으로 불안과 공포를 벗어나 평강하기를 원합니다. 예수님은 십자가를 지시기 전에 제자들에게 "너희는 마음에 근심하지 말라. 하나님을 믿고 또 나를 믿으라"(요 14:1)고 말씀하셨습니다. 또 "내가 너희에게 평안을 주고 간다. 곧 내 평안을 너희에게 준다. 내가 주는 평안은 세상이 주는 것과 같지 않다. 너희는 마음에 근심하지 말고 두려워하지 말라"(요 14:27)고 위로하기도 하셨습니다.

부활하신 예수님이 제자들에게, 그리고 우리에게도 말씀하십니다. "너희는 마음에 근심하지 말라. 하나님을 믿으니 또 나를 믿어라. 내가 진정한 평강을 너희에게 주겠다. 이 평강은 세상이 주는 게 아니라 하나님께서 주시는 것이다. 땅의 평강이 아니라 하늘의 평강이다. 순간적인 평강이 아니라 영원한 평강이다. 너희에게 가장 필요한 것은 마음의 평강이다"라고 선언하십니다.

요한복음 16장에도 이와 비슷한 말씀이 있습니다.

내가 너희에게 이런 것들을 말하는 것은 너희가 내 안에서 평안을 누리게 하려는 것이다. 너희가 이 세상에서는 고난을 당할 것이다. 그러나 담대하라. 내가 세상을 이미 이겼다(요 16:33).

예수님은 평강을 주겠다고 여러 번 약속하셨습니다. 그런데 십자가를 지시기 전에 말씀하셨던 평강은 약속된 것이었을 뿐, 그때까지 실현되지는 않았습니다. 예수님은 십자가에 못 박혀 죽으심으로써 인간이 가진 모든 죄악과 고통과 질병과 불안과 저주와 죽음의 문제를 근본적으로 해결하셨습니다. 그리고 3일 만에 부활하셨습니다. 이제 모든 문제가 깨끗이 해결된 것입니다.

그런데도 제자들은 여전히 불안해하며 문을 닫아걸고 숨어 있습니다. 부활하신 예수님이 그런 제자들 앞에 나타나서서 "너희에게 평강이 있을지어다"라고 말씀하신 것입니다.

이때 "평강"은 예수님이 부활하신 후에 주시는 성취된 평강입니다. 십자가를 지기 전에 약속하셨던 평강이 이제 실현된 것입니다. 예수님은 약속에서 완전한 승리로 변한 평강을 주십니다. 완전하고도 영원한 평강입니다. 모든 죄가 용서되었고, 우리에게 평강이 임했습니다.

구약은 오실 메시아를 약속하고, 신약은 오신 메시아를 증거합니다. 우리는 오신 메시아를 찬양합니다. 이것이 예수 그리스도를 믿는 일입니다.

성경은 우리가 하나님의 뜻대로 기도하면, 모든 것을 이룰 수 있다고 약속합니다. 실제로 우리에게 약속하신 평강이 임했고, 우리에게 성령을 보내 달라는 예수님의 기도가 이루어졌습니다. 그런데도 우리는 여전히 불안해하며 평강을 달라고 기도합니다. 주님이 주신 평강을 누리지 못하고, 주변 환경을 바라보면서 목말라 하는 것입니다.

부활하신 예수님을 믿는다면, 평강이 우리에게 이미 주어졌다는 사실도 믿어야 합니다. 우리 안에는 고난과 위기와 불안을 능히 이길 수 있는 평강이 있습니다. 이 사실을 자기 입으로 선포해야 합니다.

고난은 파도처럼 밀려옵니다. 인생이 끝날 때까지 고난은 수시로 찾아올 것입니다. 때로는 쓰나미처럼 밀려올 것입니다. 다가오는 문제들을 피할 생각하지 마십시오. 문제를 없애 달라고 기도하는 것은 바보 같은 짓입니다. 한 가지 문제가 해결되면, 또 다른 문제가 터질 것이기 때문입니다. 문제를 이기는 것이 중요합니다. 태풍이 불고 비바람이 몰아쳐도 두려워하지 마십시오. 어떤 고난이나 위기나 불안 앞에서도 담대히 평강을 선포하십시오.

예수님은 제자들에게 평강을 선포하시고, 손과 옆구리를 보여 주셨습니다. 예수님이 십자가를 짊어지지 않으셨다면, 손과 옆구리를 보여 주실 필요가 없었을 것입니다. 예수님의 십자가 덕분에 우리의 모든 문제가 완전히 해결되었다는 사실을 믿으십시오. 우리에게 평강을 이미 주셨으니, 그 평강이 역사하도록 선포하십시오.

예수께서 제자들에게 다시 말씀하셨습니다. "너희에게 평강이 있을지어다! 아버지께서 나를 보내신 것처럼 나도 너희를 보낸다"(요 20:21).

둘째, 부활하신 예수님은 "너희를 보낸다"고 말씀하십니다. 이제 모든 문제가 해결되었으니 가라는 말씀입니다. 곧 파송입니다. 그리스도인은 평강의 축복과 함께 파송 명령을 받습니다.

하나님이 우리에게 건강을 주신 이유가 무엇입니까? 하나님의 일을 하라는 뜻입니다. 하나님이 우리에게 경제력을 주신 이유는 무엇입니까? 의식주를 해결하고, 자녀들을 교육시키며 하나님의 일을 위해 헌금하라는 뜻입니다.

세상을 보면, 대체로 악한 사람이 더 건강한 것 같습니다. 나쁜 짓을 하라고 건강을 주신 것은 아닐 텐데 말입니다. 하나님이 사람들에게 돈과 명예와 지위와 권력을 주시는 이유는 그것으로 주님께 영광을 돌리라는 뜻입니다.

한동대학교를 세우신 김영길 총장님은 온누리교회에 출석한 지 7년이 되던 해에 개교하기도 전에 부도 위기에 처했던 대학으로부터 부름을 받고, 불속으로 뛰어들 듯 들어가 오늘의 한동대학교를 만드셨습니다.

얼마 전 카이스트의 이재규 장로님이 싱가포르 경영대학 부학장으로 취임하여 떠나면서 이런 말을 남겼습니다. 온누리교회에 와서 7년 된 성도들은 모두 떠나라는 말을 들었을 때, 섭섭하기도 하고 떠나지 못해 미안하기도 했답니다. 그런데 이제 생각해 보니, 떠나는 게 아니라 파송 받는 것이라고 말했습니다.

그 이야기를 듣고, 떠나라는 말 대신에 파송이란 말을 쓰기로 했

습니다. "온누리교회에서 7년 된 성도들은 파송 받아 가십시오"라
고 말입니다.

그리스도인의 최대 영광은 파송 받아 가는 것입니다. 주님의 부
르심을 받아 가난한 곳으로, 병든 곳으로, 더 낮은 곳으로 가야 합
니다. 좀 더 좋은 곳, 안락한 곳으로 가는 것이 아닙니다. 높은 위치
에 있던 사람이 낮은 곳으로 가는 것은 부끄러운 일이 아니라 예수
님을 닮아 가는 일입니다. 하나님을 갈망하는 사람들을 찾아 떠나
는 것이야말로 주님의 명령에 순종하는 길입니다.

성령을 받으라

인간은 본능적으로 안정을 추구합니다. 이동을 원치 않으며 변화
를 거부합니다. 시신이 바로 그렇습니다. 시신은 무덤 안에 누워
꼼짝도 하지 않습니다. 그러나 살아있는 사람은 날마다 움직이고,
떠나야 하며 새로운 것을 창조해야 합니다.

이 말씀을 하시고 나서 제자들을 향해 숨을 내쉬며 말씀하셨습니
다. "성령을 받으라. 만일 너희가 누구의 죄든지 용서하면 그 죄는
사함받을 것이요, 용서하지 않으면 그 죄는 그대로 있을 것이다"(요
20:22-23).

셋째, 부활하신 예수님은 "성령을 받으라"고 말씀하십니다. 예수님은 십자가를 지시기 전에 성령님에 관해 많이 말씀해 주셨습니다.

내가 아버지께 구할 것이니 아버지께서 너희에게 다른 보혜사를 보내셔서 너희와 영원히 함께 있도록 하실 것이다. 그분은 진리의 영이시다. 세상은 그분을 볼 수도 없고 알 수도 없기 때문에 그분을 받아들일 수가 없다. 그러나 너희는 그분을 안다. 그분이 너희와 함께 계시고 또 너희 안에 계실 것이기 때문이다(요 14:16-17).

그러나 보혜사, 곧 아버지께서 내 이름으로 보내실 성령께서 너희에게 모든 것을 가르쳐 주실 것이며 내가 너희에게 말한 모든 것을 생각나게 하실 것이다(요 14:26).

그러나 내가 진실로 진실로 너희에게 말한다. 내가 떠나가는 것이 너희에게 유익하다. 내가 떠나가지 않으면 보혜사가 너희에게 오시지 않을 것이다. 그러나 내가 가면 너희에게 보혜사를 보내 주겠다. 보혜사가 오시면 죄에 대해, 의에 대해, 심판에 대해 세상을 책망하실 것이다(요 16:7-8).

이처럼 예수님은 평소에 성령님에 관해 많은 말씀을 들려주셨지만, 제자들은 깨닫지 못했습니다. 아무리 설명해 줘도 못 알아들었습니다. 예수님은 그들에게 "예루살렘을 떠나지 말고 너희가 내게 들은 대로 내 아버지가 약속하신 선물을 기다리라"(행 1:4)고 말씀하셨습니다. 예수님이 십자가에서 죽으시고 부활하신 후에 성령님을 보내시리라는 약속입니다.

오늘도 예수님은 우리에게 성령 충만을 이루라고 말씀하십니다. 예수님을 믿는 우리는 성령님이 임하시면 그대로 받아들여야 합니다. 성령 충만을 이루어야 합니다. 성령 강림을 위해 기도할 필요가 없습니다. 성령님이 이미 우리에게 오셨으니 받아들이기만 하면 됩니다.

성령의 임재를 받아들이고 기뻐하십시오. 방언을 말하고, 예언도 하십시오. 힘들고 외롭다고만 말하지 말고, 성령 충만을 위해 기도하십시오. 주님이 은혜와 능력을 더해 주실 것입니다. 전도의 능력을 더해 주실 것입니다. 우리가 입을 열어 선포하면, 성령님이 역사해 주실 것입니다.

부활하신 예수님이 우리에게 세 가지 메시지를 주셨습니다.

"평강이 있을지어다. 내가 너희를 보낸다. 성령을 받으라."

예수님의 부활로 우리 인생이 달라졌습니다. 평강이 우리에게 임했고, 성령님이 우리에게 오셨습니다. 우리가 기도하면 병이 낫고, 귀신이 떠나게 되었습니다. 우리에게 능력이 생겼고, 어떤 고난도 이길 힘이 생겼습니다. 성령님이 우리와 함께하시기 때문입니다. 이제 근심하고 염려하며 불안해할 필요가 없습니다. 미래는 부활하신 예수님을 믿는 자들의 것이기 때문입니다.

13

믿음은 자기 의지요
삶의 결단입니다

요한복음 20:24 - 31

만일 너희가 누구의 죄든지 용서하면

부활하신 예수님이 제자들에게 홀연히 나타나셔서 지금까지 말씀하신 것 중에서 가장 중요하고 핵심적인 메시지를 주십니다.

> 만일 너희가 누구의 죄든지 용서하면 그 죄는 사함받을 것이요, 용서하지 않으면 그 죄는 그대로 있을 것이다(요 20:23).

용서에 관한 메시지입니다. 용서는 기독교의 최선이자 핵심입니다. 용서의 경험이 없거나 용서를 거치지 않은 그리스도인은 없을 것입니다. 용서의 관문을 넘지 못하면, 진정한 사랑이라고 할 수 없습니다. 용서를 포기해서도 안 되고, 용서에 관해 침묵해서도 안 됩니다. 그리스도인의 덕은 모두 용서에서 시작됩니다.

예수님이 십자가에서 마지막에 주신 메시지는 용서에 관한 것이었습니다. 기독교가 세상을 이길 수 있는 유일한 방법은 바로 용서입니다. 우리는 자신을 용서하고, 가족과 이웃과 민족을 용서해야 합니다. 남북문제를 풀 가장 중요한 열쇠 또한 용서입니다. 이스라엘과 팔레스타인의 문제도 용서가 핵심이며, 우리 시대 모든 갈등의 중심에도 용서가 있습니다. 그리스도인이 용서에 관해 정확히 말할 수만 있다면, 세상의 모든 갈등이 해결될 것입니다.

예수님이 용서의 메시지를 전하시는 중요한 자리에 빠진 한 사람이 있었습니다. 그 유명한 도마입니다. 요한복음의 저자 요한은 도마에 관해 세 번이나 기록하고 있습니다. 그는 도마에게 관심이 무척 많았던 것 같습니다.

도마는 문제를 일으키기도 하지만, 귀여운 구석도 있었던 사람입니다. 나사로가 죽었을 때, 그는 "우리도 주와 함께 죽으러 가자"(요 11:16)며 엉뚱한 소리를 했습니다. 또 최후의 만찬 자리에서는 예수님이 "내가 가서 너희가 있을 곳을 마련하면 다시 와서 너희를 내게로 데려갈 것이다. 그러면 너희도 내가 있는 곳에 함께 있게 될 것이다. 너희는 내가 어디로 가는지 그 길을 알고 있다"(요 14:3-4)고 말씀하시자 다른 제자들이 무슨 말씀인지 몰라 침묵하고 있을 때, 도마는 "주여, 저희는 주께서 어디로 가시는지 알지 못하는데 그 길을 어떻게 알겠습니까?"(요 14:5) 하고 천진하게 묻기도 했습니다.

부활하신 예수님이 제자들에게 나타나셨을 때, 그 자리에 없었던 도마는 예수님의 부활을 믿지 못하며 내 눈으로 그분의 손에 있는 못 자국을 보고, 내 손가락을 그 못 자국에 넣어 봐야 믿지 도저히 믿을 수가 없다며 큰소리를 쳤습니다. 이처럼 도마는 어딘지 미숙하고 불신앙적인 면이 있는 인물이었습니다.

네 손가락을 이리 내밀어 내 손을 만져 보라

사람들은 도마를 가리켜 회의론자, 비관론자, 실증론자 등으로 부릅니다. 자신이 보고 듣고 만져 보지 않고선 못 믿겠다는 성격의 소유자입니다. 3년 동안 예수님을 따라다니면서도 계속 의심하더니 예수님이 십자가에 매달리신 마지막 순간에는 숨어 버린 제자가 바로 도마입니다.

열두 제자 중 하나인 디두모라 불리는 도마는 예수께서 오셨을 때에 제자들과 함께 있지 않았습니다(요 20:24).

부활하신 예수님이 제자들을 찾아오셨을 때, 도마가 그 자리에 없었던 이유에 관해 성경은 아무 말도 하지 않습니다. 그러나 두 가지로 추측해 볼 수 있습니다. 하나는 그때 도마에게 매우 바쁜 일이 생겼기 때문일 것입니다. 또 하나는 모이는 일에 무관심해서 그 자리를 피했을 수도 있습니다.

평소에는 잘 참고 기다리다가도 결정적인 순간에 빠지는 사람이 있습니다. 그리고 자기가 그 자리에 없었던 것은 생각하지 않고, 엉뚱하게 자기 주장을 펼치는 사람도 있습니다. 바로 도마 같은 부류의 사람입니다.

그래서 다른 제자들이 그에게 "우리가 주를 보았소!" 하고 말했으나 도마는 그들에게 "내가 내 눈으로 그분의 손에 있는 못 자국을 보고 내 손가락을 그 못 자국에 넣어 보며 내 손을 그분의 옆구리에 넣어 보지 않는 한 나는 믿을 수 없소" 하고 말했습니다(요 20:25).

도마는 다른 제자들이 부활하신 예수님을 만났고, 예수님이 그들에게 말씀하기도 하셨다는데 믿기지가 않았습니다. 심지어 예수님이 손에 난 못 자국을 보여 주셨다는데 도저히 믿을 수가 없었던 것입니다. 그는 부활하신 예수님을 자기 눈으로 직접 확인해야 믿겠다고 말합니다. 그뿐 아니라 예수님의 손바닥에 난 못 자국에 자기 손가락을 넣어 보고, 옆구리에 난 창 자국에도 손을 넣어 봐야 믿겠다고 말합니다.

도마는 시각이나 청각이나 이성만으로는 확신을 얻을 수 없는 사람입니다. 자신이 직접 손으로 만져 보고 확인해야 믿는 사람입니다. 우리 주변에도 도마와 코드가 맞는 사람이 더러 있습니다. 교회에 와서 열심히 봉사하고 직책을 맡아 잘 수행하면서도 결정적인 사안에 관해서는 한 발짝 물러서는 사람이 종종 있습니다. 그러면서 속으로 '나는 실수가 없고, 확실한 사람이야. 나만큼 완벽한 사람이 없다'고 자부합니다. 예수님을 잘 믿고, 말씀에 순종하는 사람들을 보고는 '저들은 왜 생각 없이 믿지? 왜 쉽게 결정하는 걸까? 너무 감정적이어서 탈이야' 하고 혀를 끌끌 찹니다.

도마의 믿음은 믿는 것도 아니고 믿지 않는 것도 아닙니다. 그에게 믿음이 없었다고 단정할 수는 없습니다. 만약에 믿음이 없었다면, 벌써 예수님을 떠났을 것입니다. 그런데 그가 예수님의 제자로 남아있었던 것을 보면, 아마 하나님도 좋고 예수님도 좋지만 결정적인 믿음은 유보한 상태였을 것입니다. 이것이 그의 믿음이었습니다.

> 8일 후에 예수의 제자들이 다시 그 집에 모였고 도마도 그들과 함께 거기 있었습니다. 문이 잠겨 있었는데 예수께서 들어와 그들 가운데 서서 말씀하셨습니다. "너희에게 평강이 있을지어다!"(요 20:26).

도마는 동료들과 8일 동안이나 논쟁을 벌였지만 믿지 않았습니다. 그러자 예수님이 더는 지체하지 않으시고, 도마를 만나러 오십니다. 8일 전과 똑같은 상황입니다. 제자들은 문을 모두 닫아걸은 채로 집 안에 모여 있었습니다. 그 자리에 예수님이 다시 홀연히 나타나서 "너희에게 평강이 있을지어다!"라고 인사하셨습니다.

8일 전과 다른 점이 있다면, 이번에는 도마도 그 자리에 함께 있었다는 것입니다. 예수님은 도마 한 사람을 위해서 다시 찾아와 두 번이나 같은 인사를 하신 셈입니다.

그러고 나서 예수께서 도마에게 말씀하셨습니다. "네 손가락을 이리 내밀어 내 손을 만져 보고 네 손을 내밀어 내 옆구리에 넣어 보아라. 그리고 믿음 없는 사람이 되지 말고 믿는 사람이 돼라"(요 20:27).

여기서 중요한 몇 가지 사실을 발견할 수 있습니다.

첫째, 의심 많은 도마에게 예수님이 친히 찾아오셨다는 사실이 중요합니다. 예수님은 도마에게 깊은 애정과 긍휼의 마음을 갖고 계십니다. 주님은 믿음이 좋은 사람만 사랑하시지 않고, 믿음이 부족하고 의심이 많은 사람도 긍휼히 여기시는 분입니다.

예수님은 8일 동안 도마가 믿음을 갖게 되기를 바라며 기다리셨던 것 같습니다. 그런데 그가 끝내 믿음을 갖지 못하자 그 한 사람을 위해 다시 오신 것입니다. 이처럼 예수님은 방황하고 반항하는 우리를 불쌍히 여기시고, 일부러 찾아오시는 긍휼의 주님이십니다.

둘째, 예수님은 도마를 비판하거나 야단치지 않으시고, 오히려 그를 불쌍히 여기십니다. 우리가 실수할 때, 예수님은 야단치는 대신에 우리가 믿음을 갖기를 바라며 기다려 주십니다. 그러나 마지막 순간까지 믿음을 갖지 못하면, 그때 친히 찾아오십니다.

예수님은 도마가 원하던 방식으로 그의 의심을 풀어 주십니다. 그의 수준에 맞추어 "네 손가락을 이리 내밀어 내 손을 만져 보고 네 손을 내밀어 내 옆구리에 넣어 보아라"고 말씀하십니다. 이것이 바로 전도입니다. 한 영혼을 예수님 앞으로 인도하는 좋은 방법입니다.

사실, 도마는 예수님이 좋아서 제자들과 함께 공동체에 남았을 것입니다. 그러면서도 동료들의 증언을 받아들이지 않았고, 결정적으로 예수님을 믿는 일에 인색했습니다. "믿음 없는 사람이 되지 말고 믿는 사람이 돼라"는 말씀은 도마뿐 아니라 오늘날 우리에게도 주시는 메시지입니다.

예수님을 오랫동안 믿어 온 그리스도인의 문제는 믿음이 없는 게 아니라 점점 식어 간다는 데 있습니다. 신앙의 알맹이가 모두 빠져나가고, 어느새 껍데기와 형식만 남게 됩니다. 결국, 봉사와 헌신의 열심도, 찬송의 기쁨도, 기도의 소망도 차츰 사라져 갑니다. 그럴 때, 믿음을 포기하겠습니까? 아닙니다. 도마처럼 믿음이 부족한 모습 그대로 공동체에 남아 있으십시오. 그래야 믿는 사람으로 거듭날 기회를 얻을 수 있습니다.

자유 의지와 선택의 관계

독일 프랑크푸르트에서 300-400명이 모일 수 있는 교회를 빌려서 집회를 연 적이 있습니다. 그 교회의 등록 인원은 5,000명 정도인데, 그들 모두가 종교세를 내긴 하지만, 정작 주일 예배를 드리러 오는 사람은 20-30명에 불과하다고 합니다. 그마저도 노인들이 주를 이룬답니다. 그래서 결국 교회를 팔기로 했다고 합니다.

성전에는 기가 막히게 멋진 파이프 오르간이 설치되어 있었고, 그 앞에는 피카소의 작품처럼 보이는 조각품도 놓여 있었습니다. 멋진 공간과 믿음의 형식은 있는데, 교인이 없는 교회였던 것입니다.

그곳에 한인 교회 성도들이 와서 칸타타를 연주한 적이 있다고 합니다. 그 후에 독일 교인들이 칸타타를 다시 한번 공연해 달라고 담임 목사에게 조르더랍니다. 독일에서 목사는 공무원과 똑같습니다. 나라에서 월급을 주기 때문에 일을 해도 그만, 안 해도 그만입니다. 독일에서 가장 큰 교회에는 사람들이 얼마나 모이느냐고 물었더니, 잘해야 300-400명 수준이라고 했습니다. 로렐라이 언덕을 따라 강가까지 내려가는데, 곳곳에 교회가 세워져 있는 것을 볼 수 있었습니다. 마을마다 교회가 있긴 한데, 교인은 없다는 것이 문제입니다.

한국 교회가 독일 교회처럼 되지 말라는 법은 없습니다. 영국 교회가 쓰러진 것은 이미 오래전의 일입니다. 1980년대에 영국에 갔을 때부터 이미 교회가 무너지기 시작했는데, 결국 교회가 팔려서 술집이 되는 일도 벌어졌습니다. 문화재급 건물이라 함부로 헐지 못하니 교회의 외관은 그대로 둔 채로 술집으로 개조한 것입니다. 얼마나 가슴이 아팠는지 모릅니다.

독일인들은 이성주의와 합리주의를 좇다 보니 여전히 교회에 등록하고, 종교세를 내긴 하지만, 그들의 믿음은 엷을 대로 엷어져 버렸습니다. 교회에서 교인을 찾아볼 수가 없는 지경이 되었습니다. 믿음이 없는 게 아니라 식어 버린 것입니다. 그들을 보면서 도 마를 떠올렸습니다.

'2005 예루살렘 평화대행진' 때, 베들레헴의 예수탄생교회에서 집회가 있었습니다. 그런데 교회 앞에 있는 이슬람 사원에서 높은 망대에 스피커를 설치해 놓고, 계속해서 아잔(adhān)을 틀어 댔습 니다. 아잔이란 이슬람교 신도들에게 예배 시간을 알리는 일종의 알람 소리라고 할 수 있습니다. 예수탄생교회는 그 소리에 눌려 맥 을 쓰지도 못하는 것 같았습니다. 복음이 눌려 있는 현장을 보고 있자니, 기분이 썩 좋지 않았습니다. 아주 비참한 광경이었습니다.

> 도마가 예수께 대답했습니다. "내 주이시며 내 하나님이십니다"(요 20:28).

드디어 도마가 부활하신 예수님에게 믿음을 고백합니다. 십자 가를 보고도 깨어지지 않던 그가 부활을 보고 깨어졌습니다.

이성적인 인간은 죽음을 이해하면서도 부활은 이해하지 못합니 다. 예수님을 믿고 착한 일을 하는 것이 기독교가 아닙니다. 진정 한 기독교는 부활하신 예수님을 믿는 것입니다. 살아 계신 예수님 을 만나는 것이 믿음입니다. 기독교는 인류를 위해 십자가에서 못 박히신 예수님이 부활하셨다는 사실을 믿는 것입니다.

도마가 예수님께 믿음을 고백할 때, 아마 무릎을 꿇었을 것입니다. 예수님을 믿는 사람은 태도만 봐도 그 상태를 알 수 있습니다. 이때 도마는 무릎을 꿇은 채 눈물을 흘렸을 것입니다. 그러고는 '예수님이 정말 부활하셨단 말인가요? 이성적으로, 경험적으로 이해할 수 없었는데, 정말로 주님이 부활하셨군요'라고 하면서 머리부터 발끝까지 회개의 눈물을 채웠을 것입니다. 그의 몸에 새로운 영이 임하여 그의 생각이 달라지고, 형언할 수 없는 영적 감동이 일어났을 것입니다.

믿음은 선택입니다. 믿을지 안 믿을지를 스스로 선택해야 합니다. 하나님은 믿음을 강요하지 않으십니다. 그러나 모든 사람이 믿기를 바라십니다.

세상의 지성인들은 하나님을 믿지 못하는 이유에 관한 변명을 수도 없이 쏟아 냅니다. 어쩌면 믿을 수 있는 증거와 믿을 수 없는 증거가 반반인지도 모릅니다. 믿음은 선택의 문제입니다. 각자의 생각대로 선택하는 것입니다. 그런 의미에서 믿음은 이성(理性) 놀이가 아니라 자신 있는 행동입니다. 자기 의지이며 삶의 결단입니다.

우리는 나쁜 말을 할 수도 있고, 좋은 말도 할 수 있는데, 의지적으로 좋은 말을 하기로 결정하는 것입니다. 그와 마찬가지로, 우리는 자신이 가야 할 길을 의지적으로 선택하고 행동으로 옮깁니다. 에덴동산에서 아담과 이브는 선악과를 먹을 수도 있고, 안 먹을 수도 있었는데, 그들은 먹기로 결정했던 것입니다. 이것이 자유 의지와 선택의 관계입니다. 자신의 자유 의지를 하나님을 믿는 데 사용하길 바랍니다.

세상에는 의심스러운 일과 이해 못 할 일과 알 수 없는 일들이 많습니다. 무엇을 선택하느냐는 중요한 문제입니다. 선택한 길이 좁은 길이라서 외롭고 고통스러울지라도 옳은 길이라면 과감히 나아가야 합니다.

> 그러자 예수께서 도마에게 말씀하셨습니다. "너는 나를 보았기 때문에 믿느냐? 보지 않고도 믿는 사람은 복이 있다"(요 20:29).

도저히 믿기지 않으면, 눈으로 직접 확인하고서라도 믿어야 합니다. 그러나 예수님이 친히 집으로 오실 필요 없이 그 자리에서 말씀만 하시면, 자기 하인의 병이 나을 것이라고 했던 백부장처럼 보지 않고도 믿는 믿음은 진짜 복입니다. 시시콜콜 따지지 않는 순전한 믿음이기 때문입니다.

부정적인 것 대신에 긍정적인 것을 선택하십시오. 안 되는 것 대신에 되는 것을 선택하십시오. 눈에 보이는 현상에 집착하지 말고, 믿음의 향방을 좇으십시오.

"믿음 없는 사람이 되지 말고, 믿는 사람이 돼라"는 말씀은 이런 뜻입니다. 당장은 가정생활이 어렵고 직장생활이 힘들더라도 그곳을 천국으로 만들겠다는 의지와 믿음으로 기도하십시오. 그러면 반드시 변화가 일어날 것입니다. 남편과 아내가 변화하고, 자녀가 변화하며 직장 동료들이 변화할 것입니다. 적극적으로 믿으십시오.

보고 믿는 사람이 되지 말고, 보지 않고도 믿는 사람이 되십시오. 그러면 날마다 우리 삶에 믿음의 승리가 계속 이어질 것입니다.

14

숯불 위에 생선을 올리고
기다리십니다

요한복음 21:1 - 14

사랑하여 덧붙인다

요한복음의 기록 목적은 두 가지입니다. 하나는 예수 그리스도께서 하나님의 아들이심을 믿게 하는 것이고, 다른 하나는 예수 그리스도를 믿음으로써 영생을 얻게 하려는 것입니다. 요한은 예수님의 생애에서 일어난 많은 사건과 기적 가운데 이 두 가지 목적에 부합한 내용만을 간추려 기록했습니다.

요한은 20장 끝에서 기록 목적을 밝히며 결론을 맺습니다.

> 이 책에는 기록되지 않았지만 예수께서는 제자들 앞에서 다른 많은 표적들을 행하셨습니다. 그러나 이것들이 기록된 목적은 여러분들로 하여금 예수가 그리스도이시며 하나님의 아들이심을 믿게 하고 또 믿어서 예수의 이름으로 생명을 얻도록 하기 위함입니다(요 20:30-31).

이야기가 깔끔하게 마무리되었습니다. 이제 책장을 덮어도 됩니다.

그런데 요한은 20장 뒤에 한 장을 덧붙입니다. 일종의 부록 같은 것입니다. 이야기를 끝냈지만, 부활하신 예수님이 사랑하는 제자들을 어떻게 격려해 주셨는지를 추가합니다. 아름다운 이야기입니다.

몇 년 전에 경영 컨설턴트로 유명한 켄 블랜차드(Ken Blanchard)가 쓴《칭찬은 고래도 춤추게 한다》라는 책이 우리나라에서 큰 반향을 불러일으킨 적이 있습니다. 몸무게가 3톤이 넘는 범고래가 조련사의 칭찬으로 멋진 쇼를 펼친다는 내용으로 칭찬이 가져다주는 긍정적인 변화를 들려준 책입니다. 이 책 덕분에 우리나라에 칭찬 열풍이 불기도 했습니다.

살면서 실수 한 번 저지르지 않은 사람이 어디 있겠습니까? 누구나 시행착오를 겪으며 살아갑니다. 격려나 위로가 필요하지 않을 만큼 완벽한 사람은 없습니다. 복잡한 현실을 살아가는 우리에게 필요한 것은 옳고 그름에 관한 판단이 아니라 힘들고 어려울 때 주는 격려와 위로, 용기를 북돋워 주는 한마디입니다. 사람은 누구나 자신을 잡아 주고, 세워 주는 존재를 필요로 합니다.

사람은 고무줄과도 같은 존재입니다. 고무줄은 세게 잡아당기면 팽팽해지지만, 당기는 힘이 약해지면 원상태로 돌아가곤 합니다. 사람에게도 어느 정도의 긴장감이 필요한데, 스스로 팽팽함을 유지하지 않으면, 한순간에 죄된 옛 습관으로 돌아가 버리고 맙니다.

예수님의 제자들도 예외가 아닙니다. 주님은 십자가 사건을 겪으면서 좌충우돌하며 믿음의 바닥을 보였던 제자들을 위로하고 격려해 주십니다. 특별히 예수님을 세 번이나 부인하고 나서 낙담

하여 우울증에 빠진 베드로를 다시 일으켜 세우심으로써 우리에게 희망을 보여 주십니다.

십자가와 부활에 성령의 기름 부으심까지

예수님과 제자들은 갈릴리 바닷가에서 많은 사역을 했습니다. 갈릴리 바다는 사실 큰 호수로 예루살렘에서 북쪽으로 약 100km 떨어진 곳에 자리하고 있습니다. 수면은 바다보다 210m나 낮은데, 북쪽 헤르몬산에서부터 불어오는 차고 건조한 바람과 남쪽 아라바에서부터 불어오는 뜨거운 바람이 만나는 바람에 기상 변화가 심해서 광풍이 자주 일어나곤 하는 곳입니다.

한번은 갈릴리 바다에 큰 폭풍이 일어 배 안에 물이 차올랐는데, 당황한 제자들이 주무시는 예수님을 깨우자 예수님이 바람과 파도를 꾸짖어 잠잠하게 하신 일이 있었습니다(마 8장). 또 이른 새벽에 제자들이 갈릴리 바다에서 거친 바람을 만나 파도에 시달리자 예수님이 물 위를 걸어서 그들에게 다가가 구해 주신 적도 있습니다(마 14장). 이처럼 갈릴리 바다는 예수님과 제자들의 추억이 깃든 곳입니다.

2005년에 '예루살렘 평화대행진' 때 새벽 4시 30분에 일어나 5시 30분부터 갈릴리 바닷가에서 새벽 예배를 드린 적이 있습니다. 2,000여 명의 성도들과 함께 동이 터 오는 갈릴리 바다를 바라봤는데, 얼마나 아름답던지 한마디로 황홀했습니다.

갈릴리 바다는 성경에서 "긴네렛 호수"(민 34:11), "게네사렛 호수"(눅 5:1), "디베랴 바다"(요 6:1; 21:1) 등으로도 불리는데, 요한은 부활하신 예수님이 디베랴 바닷가에서 제자들을 만나신 이야기를 우리에게 들려줍니다.

> 그 후 예수께서는 디베랴 바다에서 제자들에게 다시 자신을 나타내
> 셨는데 그 나타내심은 이러합니다. 시몬 베드로, 디두모라고 하는
> 도마, 갈릴리 가나 사람인 나다나엘, 세베대의 두 아들들, 그리고 다
> 른 두 제자가 함께 있었습니다(요 21:1-2).

바닷가에 일곱 명의 제자가 모였는데, 주요 인물이 다 모였다고 할 수 있습니다.

> 시몬 베드로가 그들에게 "나는 물고기를 잡으러 가겠소" 하고 말하
> 자 그들이 "우리도 같이 가겠소" 하고 말했습니다. 그들은 나가서
> 배를 탔습니다. 그러나 그날 밤 그들은 물고기를 한 마리도 잡지 못
> 했습니다(요 21:3).

예수님이 십자가에 달리신 모습을 보고 충격에 빠져 통곡했던 제자들은 부활하신 예수님을 만나고는 더 큰 충격에 빠졌습니다.

기쁘면서도 일대 혼란을 경험했을 것입니다. 그런데 며칠이 지나자 그들은 다시 옛날로 돌아가 버리고 맙니다. 어수선한 마음을 달래려고 했는지 옛날처럼 물고기나 잡아야겠다고 생각했던 것 같습니다.

여기서 우리는 네 가지 사실을 발견합니다.

첫째, 사람은 누구나 과거로 회귀하려는 속성이 있다는 것입니다. 제자들은 예수님을 따라다니느라 고기잡이 일은 한동안 잊고 지냈는데, 다시 그물을 집어 들고 바다로 나간 것입니다.

둘째, 지도자 역할이 중요하다는 것입니다. 제자들의 리더 격인 베드로는 예수님을 세 번 부인한 뒤로 우울증에 빠져 있었습니다. 그런 그가 물고기를 잡으러 가겠다고 하니 다른 제자들도 따라나선 것입니다.

평소 확신 있게 행동하지 못하고, 머뭇거리며 사태를 관망하던 사람들은 누군가 한 사람이 나서면 무작정 따르는 경향이 있습니다. 리더의 말과 행동은 다른 사람들에게 큰 영향을 끼칩니다. 만약 리더가 긍정적이고 건설적인 사람이라면, 어수선한 상황을 정리하겠지만, 리더가 상처투성이에 비판적이고 냉소적인 사람이라면 안정감을 주기는커녕 오히려 악영향을 미칠 것입니다.

셋째, 십자가와 부활의 사건만으로는 세상을 이길 수 없다는 것입니다. 제자들, 특히 베드로는 십자가에 달리신 예수님을 봤고, 부활하신 예수님도 만났습니다. 그런데도 순식간에 옛날로 돌아가 버립니다.

십자가와 부활은 기독교 복음의 핵심입니다. 그러나 십자가와 부활을 분명히 봤던 제자들이 맥을 못 춥니다. 그 이유가 무엇입니까?

사건을 목격한 것만으로는 능력이 생기지 않기 때문입니다. 성령님의 기름 부으심이 있어야 합니다. 자동차의 성능이 아무리 좋아도 기름을 넣고 시동을 걸어야 달릴 수 있듯이, 십자가와 부활의 진리 위에 성령님의 임재가 있어야만 죄악과 죽음의 권세를 이길 권능이 주어집니다.

그런 의미에서 베드로를 비롯한 제자들의 진정한 변화는 오순절 날 마가의 다락방에서 성령을 체험한 뒤부터 시작되었다고 말할 수 있습니다. 그들은 성령 충만을 받고 나서야 순교자의 삶을 살게 됩니다.

오늘날도 마찬가지입니다. 성경 공부도 중요하고, 제자훈련도 중요하지만, 가장 중요한 것은 성령 충만의 역사입니다. 고압선이 설치되어 있어도 전원과 연결되어 있지 않으면 아무 소용이 없듯이, 예수 그리스도의 십자가와 부활의 능력은 성령의 기름 부으심이 있어야만 제대로 발휘될 수 있습니다.

넷째, 성령의 역사가 없으면, 아무리 수고해도 헛되다는 것입니다. 고기잡이라면 이골이 난 베드로와 제자들은 그날 밤 물고기를 한 마리도 잡지 못했습니다. 경험이 풍부하고, 환경 조건이 아무리 좋아도 결과는 빈손입니다.

우리 주변에 일평생 새벽별을 보고 출근해서 밤늦게까지 일하며 열심히 살았는데, 막상 은퇴하여 주머니를 열어 보니 아무것도 없더라고 말하는 사람이 많습니다. 명문대를 졸업하고, 좋은 직장에 다니고, 멋진 배우자를 만나 결혼하여 사람들의 부러움을 받으며 살았는데, 어쩌다 보니 명예퇴직을 당하거나 사회에서 강제로 내쫓긴 사람들이 있습니다.

가장 어리석은 일 중 하나가 자녀 덕을 보겠다고 욕심부리는 것입니다. 자녀들이 커서 성공하면 부모에게 영광을 안겨 줄 것 같습니까? 자라면서 사고만 치지 않아도 고맙습니다. 자녀가 말썽을 부리거나 부모를 나 몰라라 하면 어떻게 하겠습니까? 깡통 인생이 되는 것입니다.

제자들이 밤새 그물을 던졌지만, 아무것도 잡지 못해 낙망하고 있을 때, 예수님이 그들에게 나타나셨습니다.

날이 밝아 올 무렵 예수께서 바닷가에 서 계셨으나 제자들은 그분이 예수이신 줄 알아보지 못했습니다. 예수께서 제자들에게 "얘들아, 물고기를 좀 잡았느냐?" 하고 물으시자 그들은 "한 마리도 잡지 못했소"라고 대답했습니다 (요 21:4-5).

디베랴 바닷가에서의 일을 다섯 가지로 정리할 수 있습니다.

첫째, 때는 "날이 밝아 올 무렵"이었습니다. 갈릴리 바닷가에서 새벽 예배를 드릴 때 봤더니, 새벽 5시쯤은 아직 어두컴컴하지만, 30분 정도 지나니까 사방이 붉게 물들기 시작했습니다.

둘째, 제자들은 밤새도록 그물을 던졌지만, 아무것도 잡지 못했습니다. 믿음을 잃고 빈손이 된 사람은 중요한 것을 못 보게 됩니다. 그들이 허탕 치고 있을 때, 그 자리에 예수님이 계셨지만, 제자들은 주님을 보지 못했습니다. 실의와 슬픔에 빠져서 가까이 계시는 주님을 알아보지 못한 것입니다. 그러나 우리가 어려운 상황에 부딪힐 때면, 늘 예수님이 더욱 가까이 다가와 계심을 기억하십시오.

셋째, 고기잡이에 실패한 제자들에게 예수님이 먼저 말을 건네오셨습니다. 믿음을 잃고 인생의 쓴맛을 본 사람들에게 예수님이 먼저 다가와 말을 거십니다. 예수님은 제자들에게 "애들아, 물고기를 좀 잡았느냐?" 하고 물으셨는데, 그들은 예수님의 음성을 알아듣지 못합니다. 오늘날 우리도 마찬가지입니다. 예수님은 끊임없이 우리에게 "괜찮니? 아프진 않니? 살 만하니?" 하고 말을 걸어 오시는데, 우리가 그 음성을 듣지 못할 뿐입니다.

넷째, 제자들이 예수님의 말씀에 순종하자 많은 물고기를 잡을 수 있었습니다.

예수께서 제자들에게 말씀하셨습니다. "그물을 배 오른편에 던져 보라. 그러면 물고기가 잡힐 것이다." 제자들이 그물을 배 오른편에 던지자 물고기가 너무 많이 걸려 그물을 배 안으로 들어 올릴 수가 없었습니다(요 21:6).

예수님은 그들에게 그물을 배 오른편으로 던져 보라고 말씀하셨습니다. 제자들은 그분이 예수님이신지 모른 채로 그의 조언을 따랐더니 그물을 들어 올리지 못할 정도로 많은 물고기를 잡을 수 있었습니다. 그물을 풀어 보니 큰 물고기가 153마리나 되었습니다.

일이 잘 풀리지 않을 때, 더욱 열심히 기도하는 것은 사실 성령님이 기도할 마음을 주셔서인데, 우리는 그 사실을 알지 못한 채 그냥 기도합니다.

다섯째, 기적을 경험한 제자들은 그때서야 예수님을 알아봅니다.

예수께서 사랑하시던 제자가 베드로에게 말했습니다. "주이시다!" 시몬 베드로는 "주이시다!"라는 말을 듣자마자 벗어 두었던 겉옷을 몸에 걸치고 물로 뛰어들었습니다(요 21:7).

요한은 예수님의 제자 중에서 가장 눈썰미가 있고, 성격이 예민한 사람이었습니다. 그는 묵직한 그물을 열어 물고기를 꺼내면서, 옛날에 게네사렛 호숫가에서 예수님이 시몬 베드로를 제자로 부르셨을 때의 일을 떠올렸을 것입니다. 그때도 밤새 허탕을 치고 빈 그물로 돌아올 뻔했는데, 예수님의 말씀을 듣고 순종했더니 배가 잠길 정도로 많은 물고기를 잡았습니다(눅 5:1-11).

요한은 그들에게 말을 걸어 오신 분이 예수님임을 깨닫고, 즉시 베드로에게 그 사실을 말해 주었습니다. 베드로는 그 말을 듣자마자 겉옷을 챙겨 입고 물로 뛰어들었고, 제자들은 배를 저어 육지에 도착해서 예수님이 계신 곳으로 다가갑니다. 이처럼 우리는 기적을 경험하면, 눈이 뜨여 예수님을 보게 됩니다.

하나님이 준비해 두신 것에 더해 천국을 이루라

예수님은 숯불 위에 생선을 올려놓고, 제자들을 기다리고 계셨습니다.

> 그러나 다른 제자들은 배를 탄 채 물고기가 가득한 그물을 끌면서 배를 저어 육지로 나왔습니다. 배가 바닷가에서 약 200규빗 정도밖에 떨어져 있지 않았기 때문입니다. 제자들이 육지에 도착해서 보니 숯불을 피워 놓았는데 숯불 위에는 생선이 놓여 있었고 빵도 있었습니다(요 21:8-9).

200규빗이면 90m쯤 됩니다. 베드로는 물로 뛰어들어 헤엄쳐 왔고, 다른 제자들은 배를 저어서 왔습니다.

갈릴리 바닷가는 모래밭이 아닌 자갈밭인데, 그곳에 예수님이 숯불을 피우고 생선과 빵을 준비해 두셨습니다. 춥고 배고픈 사람에게 필요한 것은 몸을 녹일 수 있는 온기와 맛있는 음식입니다. 예수님은 밤새 고기를 잡느라 추위에 떨며 애썼을 제자들을 위해 설교 대신 음식을 준비해 두셨습니다. 인생의 겨울 시기를 지날 때, 예수님은 먹을 것과 따뜻한 불을 지피고 우리를 기다리실 것입니다.

> 예수께서 제자들에게 말씀하셨습니다. "너희가 방금 잡은 생선을 좀 가져오라." 시몬 베드로가 배에 올라 그물을 육지로 끌어내렸습니다. 그물 안에는 큰 물고기가 153마리나 들어 있었습니다. 물고기가 이렇게 많았는데도 그물은 찢어지지 않았습니다(요 21:10-11).

예수님은 숯불 위에 이미 생선이 올려져 있는데도 제자들에게 그들이 잡아 온 생선을 가져오라고 말씀하십니다. 사실, 예수님이 잡게 해 주신 것이지만, '내 것'을 가져와 예수님의 축제에 당당하게 참여하라고 말씀하신 것입니다.

하나님은 우리에게 건강도 주시고 재물도 주십니다. 하나님은 주님이 준비해 두신 것에 우리가 하나님께 받은 것을 가져와 더함으로써 천국을 이루라고 말씀하십니다. 예수님이 차려 주신 식탁에 우리가 가져온 것을 올리고, 모두 함께 나눠 먹는 것이야말로 교회 공동체의 축제입니다.

> 예수께서 제자들에게 말씀하셨습니다. "와서 아침을 먹으라." 다들
> 그분이 주이신 줄 알고 있었기 때문에 제자들 중 감히 그분께 "누구
> 십니까?"라고 묻는 사람이 없었습니다. 예수께서 오셔서 빵을 가져
> 다가 제자들에게 나눠 주셨고 이와 같이 생선도 주셨습니다. 예수
> 께서 죽은 사람들 가운데서 살아나신 뒤 제자들에게 나타나신 것은
> 이것이 세 번째였습니다(요 21:12-14).

음식을 앞에 두고 설명을 길게 하거나 묵상을 오래 하면, 배고픈
사람은 점점 더 허기지게 되는 법입니다. 그때는 그냥 먹으라고 권
해야 합니다. 천국은 모두가 와서 함께 먹고 즐기는 곳입니다.

예수님을 만난 제자들은 너스레를 떨지 않고 조용히 식탁에 참
여합니다. 예수님이 그들에게 빵을 가져다주시고, 생선을 떼서 나
눠 주십니다. 너무나 아름다운 풍경입니다.

여기서 우리는 실패한 인생들에게 희망과 용기를 주시는 예수
님의 모습을 봅니다. 예수님은 물고기를 잡으러 바다로 간 제자들
을 책망하지 않으셨습니다. 우리 내면을 뒤집어 보면, 말을 하지
않을 뿐이지 부끄러운 구석이 얼마나 많습니까? 사람들은 상대방
의 약점과 수치를 들추고 폭로하여 굴복시키려고 하지만, 예수님
은 모든 사실을 알면서도 모른 체해 주십니다. 알고도 모른 체하는

것도 삶의 한 가지 지혜입니다. 예수님은 우리의 연약함과 부족함을 모두 용납하고 모른 체해 주시는 분입니다.

예수님처럼 우리도 상대방의 약점과 실수를 덮어 주고, 편안하게 대하면 좋겠습니다. 음식을 권하고, 따뜻한 마음으로 감싸 주면 좋겠습니다. 그렇게 할 때, 상대방이 과거의 실수나 허물에서 벗어날 수 있습니다.

우리를 통해 누군가가 예수 그리스도께서 주시는 위로와 격려로 다시 일어선다면, 우리가 바로 희망의 전도사입니다.

15

내 이름을 부르시고,
내 마음을 읽으십니다

요한복음 21:15 - 25

자기모순에 빠진 베드로를 건지시다

사람을 살리려면 비판이나 충고를 해 주기보다는 칭찬과 격려를 해 주는 편이 훨씬 더 효과적입니다. 칭찬과 격려에 목마른 사람이 많습니다. 특히 자신이 하는 일에 확신이 없거나 자신감이 부족한 사람은 누군가의 격려를 절실히 필요로 합니다. 작은 격려가 사람을 살릴 수 있습니다. 어쩌면 상상도 할 수 없는 엄청난 능력을 보여 줄지도 모릅니다. 말 한마디로 가정이 살아나고, 직장이 변화할 수 있습니다.

예수님이 십자가를 지시기 전에 제자들에게 빵과 포도주를 나눠 주시며 "'내가 목자를 치리니 양 떼가 흩어질 것이다'라고 성경에 기록된 대로 오늘 밤에 너희는 모두 나를 버릴 것이다. 그러나 내가 살아난 뒤에 너희보다 먼저 갈릴리로 갈 것이다"라고 말씀하실 때, 베드로는 "모두들 주를 버린다 해도 저는 결코 버리지 않겠습니다"라고 당당하게 말하던 사람이었습니다.

그런 그에게 예수님은 "내가 진실로 네게 말한다. 바로 오늘 밤 닭이 울기 전에 너는 세 번 나를 부인할 것이다"라고 말씀하셨고, 그날 밤 실제로 베드로가 예수님을 세 번이나 부인했습니다(마 26장). 그 뒤로 베드로는 심각한 우울증에 시달려야 했습니다. 아마도 자책감에 시달렸을 것입니다.

부활하신 예수님이 이른 새벽에 숯불을 피워 놓고, 밤새 찬 바람을 맞은 제자들에게 아침상을 차려 주셨지만, 제자들의 낯빛은 그리 밝지만은 않습니다. 예수님이 십자가에 달리실 때, 두려움에 떨며 숨어 버렸던 자신들이 부끄러웠을 것입니다. 베드로는 고개를 들지 못하고, 예수님과 눈도 마주치지 못합니다.

베드로가 느낀 좌절과 자괴감은 우리에게도 익숙한 감정입니다. 우리도 때로는 하나님의 말씀에 불순종하고, 의심하며 자기 믿음에 회의를 느끼기도 하고, 심지어 예수님을 배신하기까지 하지 않습니까? 베드로와 우리의 믿음 없음을, 연약함을 주님이 아십니다.

> 그들이 아침 식사를 끝마치자 예수께서 시몬 베드로에게 말씀하셨습니다. "요한의 아들 시몬아, 네가 이 사람들보다 나를 더 사랑하느냐?" 베드로가 말했습니다. "예 주여, 제가 주를 사랑하는 것을 주께서 아십니다." 예수께서 베드로에게 말씀하셨습니다. "내 어린 양 떼를 먹여라"(요 21:15).

예수님은 여느 때처럼 제자들을 격려하며 용기를 북돋워 주시는데, 이번에는 특히 베드로를 주목하여 보십니다. 마치 영화에서 카메라가 한 사람을 집중적으로 잡아 클로즈업하는 것과도 같은 상황입니다.

숨통을 트이고 다시 살아나게 하시다

베드로는 평소에도 쉽게 흥분하는 열정적인 사람이었습니다. 예수님이 너희는 나를 누구라고 하느냐고 물으실 때, 베드로는 "주는 그리스도이시며 살아 계신 하나님의 아들이십니다"라고 대답하여 예수님에게 큰 칭찬을 받았습니다. 그러나 예수님이 곧 예루살렘에 올라가서 죽임을 당했다가 3일 만에 다시 살아나리라고 말씀하시자 예수님을 붙들고 "주여! 절대로 안 됩니다! 그런 일이 주께 일어나서는 절대로 안 됩니다!"라고 거칠게 말하는 바람에 엄청난 꾸지람을 받기도 했습니다.

말은 함부로 하는 게 아닌데, 그는 예수님께 잘하려고 하면 할수록 이상하게도 지극히 인간적인 말을 하거나 엉뚱한 실수를 저지르곤 했습니다. 급기야 예수님을 세 번이나 부인하기까지 했으니 자신은 얼마나 힘들고 괴로웠겠습니까? 자신이 호언장담한 대로 살지 못하니 말입니다.

생각한 대로, 말한 대로 살 수 있다면 얼마나 좋겠습니까? 하지만 그러지 못하는 게 인생입니다. 부부관계도 마찬가지입니다. 서로 사랑한다고 고백할 때는 언제고, 인제는 으르렁거리며 죽일 듯이 싸웁니다. 그러다 보면 가슴속에 사랑과 미움이 뒤범벅되어 감정의 분열을 느끼게 됩니다. 우리는 믿음과 불신, 순종과 불순종, 이상과 현실 사이에서 갈등하며 자기 분열과 자괴감에 시달리곤 합니다.

다행히 부활하신 예수님을 다시 만났지만, 베드로는 여전히 우울감에 사로잡혀 있습니다. 죄책감에 예수님을 쳐다볼 용기가 없습니다. 매사에 잘하고 싶은데 제대로 되지 않으니 '나는 왜 이럴까?' 하고 위축되었을 것입니다. 예수님이 차려 주신 빵과 생선으로 아침을 먹으면서도 마음 한구석에는 그늘이 드리워져 있었을 것입니다.

아침 식사를 마치자, 베드로를 주목하여 보셨던 예수님이 그를 부르십니다. "요한의 아들 시몬아." 그의 원래 이름을 불러 주십니다. 개인적인 친밀감을 표시하신 것입니다. 예수님은 그의 불안정한 마음을 아셨습니다. 그래서 그의 이름을 다정하게 부름으로써 흔들리는 마음을 잡아 주셨습니다. 그러고 나서 "네가 이 사람들보다 나를 더 사랑하느냐?"라고 물으십니다.

사랑하는 사람과 격렬하게 싸웠다고 상상해 봅시다. 미워서 싸운 게 아니라 사랑해서 싸웠습니다. 그런데 시간이 좀 지나고 나니 언제 그런 일이 있었느냐는 듯 다정한 목소리로 "당신, 나를 사랑해?" 하고 묻습니다. 너를 잃고 싶지 않으니 화해하자는 말입니다.

예수님과 베드로의 관계를 보면, 베드로가 예수님을 일방적으로 배신한 셈입니다. 그러나 예수님은 그가 여전히 주님을 사랑한다는 사실을 아셨습니다. 그래서 먼저 다가가 손을 내밀어 주신 것입니다. 그의 이름을 불러 주신 것만으로도 "베드로야, 괜찮니? 나를 부인할 생각이 없었다는 것을 안다. 두려워서 그랬을 거야. 엄청난 실수를 하긴 했지만, 네가 나를 사랑하는 마음은 안단다"라는 예수님의 마음이 전해졌을 것입니다.

친절한 말 한마디가 사람을 일으켜 세웁니다. 예수님이 이름을 불러 주시자 베드로는 숨통을 트고 다시 숨쉬기 시작합니다. 그런데 이어지는 뜻밖의 질문에 깜짝 놀랐습니다. 베드로는 얼른 "주여, 주께서는 모든 것을 아십니다. 제가 주를 사랑하는 것을 주께서 아십니다"(요 21:17)라고 대답했습니다.

베드로의 변화된 모습이 보입니다. 예전 같았으면, "주여, 죽기까지 주님을 따르겠습니다. 다른 사람들이 모두 주님을 버려도, 나는 절대로 주님을 버리지 않겠습니다. 주님을 그만큼 사랑하니까요"라고 말하며 객기를 부렸을 것입니다. 그런데 지금은 "주님을 사랑하는 마음을 어떻게 감히 내 입으로 말하겠습니까? 주님이 다 알고 계신 줄 압니다"라고 겸손하게 말합니다. 사람이 은혜를 받으면, 같은 말을 해도 겸손하게 하는 법입니다. 베드로는 분명히 달라졌습니다.

이 구절을 헬라어 원어로 보면, 예수님은 "나를 사랑(아가페)하느냐"라고 물으시고, 베드로는 "인간적인 사랑(필레오)으로밖에는 사랑할 수 없습니다"라고 대답한 것입니다. 자신의 부족함과 연약함을 깨닫고 겸손하게 대답한 베드로의 고백은 진솔했습니다.

베드로의 고백을 들은 예수님이 그에게 "내 어린 양 떼를 먹여라"라고 말씀하십니다. 그에게 새로운 사명을 주신 것입니다.

비전을 품고 일어나 다시 전진하라

하나님은 겸손한 자에게 일을 맡기십니다. 만약에 베드로가 "주님, 나만큼 주님을 사랑하는 제자도 없을 것입니다. 나만 믿으시면 됩니다"라고 고백했다면, 그에게 사명을 주지 않으셨을 것입니다. 왜냐하면, '나'를 강조하는 자기중심적인 사람은 십중팔구 교만해지기 때문입니다. 그러므로 하나님의 위대한 사명은 겸손히 사랑을 고백하는 자에게 주어집니다.

> 예수께서 베드로에게 다시 말씀하셨습니다. "요한의 아들 시몬아, 네가 나를 사랑하느냐?" 베드로가 예수께 대답했습니다. "예 주여, 제가 주를 사랑하는 것을 주께서 아십니다." 예수께서 베드로에게 말씀하셨습니다. "내 양 떼를 쳐라"(요 21:16).

> 예수님이 베드로에게 똑같은 것을 두 번째로 물으십니다. 베드로도 똑같이 대답합니다. 예전처럼 호언장담하지 않습니다.

> 예수께서 베드로에게 세 번째로 말씀하셨습니다. "요한의 아들 시몬아, 네가 나를 사랑하느냐?" 예수께서 세 번째 "네가 나를 사랑하느냐?"고 물으시자 베드로가 근심하며 말했습니다. "주여, 주께서는 모든 것을 아십니다. 제가 주를 사랑하는 것을 주께서 아십니다." 예수께서 베드로에게 말씀하셨습니다. "내 양 떼를 먹여라"(요 21:17).

예수님이 똑같은 것을 세 번 연거푸 물으시자 베드로가 긴장합니다. 두렵고 떨리는 마음을 갖게 된 것입니다. 두렵고 떨리는 마음, 즉 경외심은 하나님을 향해 가져야 할 올바른 마음가짐입니다. 어려운 줄 모르고 무례하고 건방진 태도는 하나님을 우습게 여기는 것입니다. 그리스도인은 늘 두렵고 떨리는 마음으로 하나님 앞에 나아가야 합니다.

이 장면에서 우리는 몇 가지 사실을 발견할 수 있습니다.

첫째, 진정한 사랑을 고백하는 사람은 겸손하다는 것입니다. 진정한 사랑의 고백에는 자신의 부족함과 연약함을 인정하는 영적 태도가 있습니다. 두렵고 떨리는 마음으로 겸허하게 하나님 앞에 나아가는 것이 예배자의 태도입니다.

둘째, 하나님은 실수를 저지른 사람에게 회복할 기회를 주신다는 것입니다. 예수님이 베드로에게 똑같은 것을 세 번이나 물으신 것은 그가 못 알아들었기 때문이 아닙니다. 베드로가 예수님을 세 번 부인했기에 그만큼 회복의 기회를 세 번 주신 것입니다.

누군가가 잘못을 저질렀다면, 그것을 회복할 충분한 기회를 주어야 합니다. 막연히 미안하다는 말 한마디로는 충분하지 않습니다. 마음의 앙금을 털어 버릴 수 있도록 기회를 줘야 합니다.

베드로가 가야바의 집 마당에서 숯불을 쬐다가 예수님을 세 번째 부인했는데, 예수님이 숯불에 생선을 구워 베드로를 먹이고 그를 회복시켜 주십니다. 예수님의 깊은 배려가 엿보입니다.

하나님은 자신감을 잃거나 자기 자신에게 실망하거나 우울증에 시달리는 사람에게 용기를 주시고, 그들을 회복시켜 주십니다. 겸손하게 진심으로 사랑을 고백하면, 회복할 기회를 충분히 주시고, 나아가 새로운 사명까지 주십니다.

예수님은 베드로에게 "네 능력이 얼마나 되느냐? 네가 얼마나 완벽하냐?"라고 묻지 않으셨습니다. 또한 "넌 왜 그렇게 실수가 잦냐? 배신을 몇 번이나 한 것이냐?"라고 책망하시지도 않았습니다. 오직 "네가 나를 사랑하느냐?"라고만 물으셨을 뿐입니다.

베드로의 진심 어린 고백을 들으신 예수님은 그에게 새 사명의 비전을 세 번에 걸쳐 주십니다.

"내 어린 양 떼를 먹여라."

"내 양 떼를 쳐라."

"내 양 떼를 먹여라."

세상에는 하나님의 양 떼가 많습니다. 병들어 죽어 가는 사람들, 가난한 사람들, 인권을 유린당하며 살아가는 사람들, 짐승만도 못한 대우를 받고 사는 사람들이 모두 하나님의 양 떼입니다. 예수님은 그들을 돌보고 양육하라고 베드로뿐 아니라 우리에게도 말씀하십니다.

그러고 나서 예수님이 베드로의 죽음에 관해 예언하십니다.

내가 진실로 진실로 네게 말한다. 네가 젊어서는 스스로 옷 입고 원하는 곳으로 다녔지만 늙어서는 남들이 네 팔을 벌리고 너를 묶어 네가 원하지 않는 곳으로 너를 끌고 갈 것이다." 예수께서 이렇게 말씀하신 것은 베드로가 어떤 죽음으로 하나님께 영광 돌릴 것인지를 알리기 위함이었습니다. 그러고 나서 예수께서 베드로에게 말씀하셨습니다. "나를 따라라!"(요 21:18-19).

베드로는 젊어서는 마음대로 다니지만, 나이가 들면 다른 사람들에 의해 원치 않는 곳으로 끌려갈 것입니다. 예수님의 예언을 들은 베드로가 요한에 관해 묻습니다.

베드로가 돌아보니 예수께서 사랑하시던 제자가 따라오고 있었습니다. 이 제자는 만찬에서 예수께 기대어 "주여, 주를 배반할 사람이 누구입니까?"라고 물었던 사람이었습니다. 베드로가 그 제자를 보며 예수께 물었습니다. "주여, 이 사람은 어떻게 되겠습니까?" 예수께서 베드로에게 대답하셨습니다. "내가 돌아올 때까지 그가 살아 있기를 내가 원한다 한들 그것이 너와 무슨 상관이 있겠느냐? 너는 나를 따라라"(요 21:20-22).

이 말씀 때문에 초대 교회에서 사도 요한에 관한 소문이 돌곤 했습니다. 예수님이 재림하실 때까지, 요한은 죽지 않을 것이라는 소문입니다.

그러나 예수님은 "요한이 너보다 일찍 죽든지, 늦게 죽든지 너와 무슨 상관이 있느냐?"라고 말씀하신 것뿐입니다. 정작 중요한 말씀은 마지막에 있습니다.

"너는 나를 따라라."

사람들은 다른 사람의 일에 관심이 너무 많습니다. 그러나 하나님은 우리에게 이렇게 말씀하십니다.

"네가 언제 죽을지 모르듯이, 다른 사람도 언제 죽을지 모르는데 왜 관심을 두느냐? 세상에 영원한 것은 없다. 네가 하고 싶다고 해서 모두 할 수 있는 것도 아니다. 네가 젊어서는 네 마음대로 다녀도, 나이가 들면 할 수 없게 된다. 그러니 중요한 것은, 지금 나를 따르는 일이다."

하나님의 축복이 우리 모두에게 충만하시길 축원합니다.